오늘 내가 사는 게 재미있는 이유

什麼時候，你才要過自己的人生？

一位精神科醫師，從捆綁的呼吸中，
找回自我——

金惠男——著　蔡佩君——譯

自序

從綑綁的呼吸中，找回人生樂趣

有一個患者總覺得自己的人生，不論工作或是愛情，沒一項是順利的。她做任何事之前，總會被「恐懼」絆住。

她懇切地望著我追問：「這樣做對嗎？萬一中途後悔了，怎麼辦？如果事情搞砸了，又怎麼辦？乾脆不做，是不是比較好？」

「我又不是算命仙，我哪知道？」

「但妳還是可以給我一點建議啊！」

我終究沒說出她想聽的答案。反之，我耐心聽完她所有的煩惱，然後鼓勵她：**每個問題都有解決之道，鼓起勇氣踏出去吧**！

我不是不懂她害怕失敗的心情，也知道幾次失敗的經驗已經讓她精疲力盡。但是，繼續躊躇不決，浪費的只是時間罷了。不管選擇是對還是錯，她必須做決定，朝著自己的選擇向前走。**不管任何事，凡是做過，才會知道適不適合自己**。

我也曾經歷做什麼事都力不從心的階段。二〇〇一年，我剛好四十三歲，被確診爲帕金森氏症（Parkinson's Disease）。這是一種神經系統退化性疾病，伴隨著手腳發抖、肌肉萎縮、身體僵硬等症狀。

得病後，走路、說話、寫字、臉部表情，都無法隨心所欲。有人描述，帕金森氏症就像拿一條繩子，緊緊綑綁著身體。這個形容非常貼切。發作時，就算移動一小步，都能費勁到汗水足以浸溼整件衣服。

一般來說，確診十五年後，如果不是死亡，就是伴隨重度障礙，還可能有失智症、憂鬱症、思維能力下降等併發症。至今仍然沒有治療的方法，只能靠藥物減緩惡化速度。用一句話總結——這是「不治之症」。

身爲醫生，我了解帕金森氏症，卻從沒想過自己會得病。偏偏還是發生在我剛實踐夢想，開立個人診所不到一年的時間裡。

我到底做錯了什麼？爲什麼得這種病？雖然別人也很努力，但我自認爲比別人更加努力！在我高中二年級寒假，一場交通事故，我失去了知己——姊姊，徬徨了好幾年，才終於挺了過來。懷第一個孩子時，我在急診室照顧病人的中途忽然流產，一度陷入無底的絕望，但我還是努力熬過去了。

我一邊照料公婆，一邊認真工作，仍然用心照顧孩子，心力極度交瘁，但我沒有放棄，堅強地走到現在。所以，我究竟做錯什麼了……？我陷入憂鬱、埋怨的世界，掉入絕望的深淵中。害怕自己不能承受帕金森氏症帶來的苦痛。

那時，我什麼都做不了，只能躺在床上，雙眼直盯著天花板。

一個月後，我突然清醒了。埋首絕望地躺在床上，不會改變任何事。再說，我的病只是初期，還有很多事能做。「那我爲什麼要躺在這裡呢？」我選擇起身，度過一天又一天，就這樣走過了十五年。

二〇一四年初，我的病情急速惡化，不過在診所休業前，我仍然持續看診、授課直到最後。這段期間我寫了三本書，同時扮演媽媽和媳婦的角色，充實地度過每一天。我花了很多精力管理健康，沒有併發失智症，思維能力也沒有下降，只有輕微的憂鬱症。雖然身體持續惡化，但是速度還算緩慢，才得以讓我完成這本書。

只要聽到我罹病，人們的臉上總是藏不住同情，惋惜地表示在我大展鴻圖的年紀患上惡疾。這些都沒有關係，即使帕金森氏症奪走健康，甚至以後會剝奪思考能力，但是我不會爲還沒發生的事煩惱。**把時間浪費在煩惱這些無用的事情上，就太可惜我的精采人生了**。

我曾花五分鐘，只爲了走到近在咫尺的廁所；也曾因爲身體僵硬，連翻身都需要別人幫忙。不過，我不是二十四小時都這樣。痛苦與痛苦之間，總有減緩的時候，吃了藥之後，也會有隨心所欲的活動時間。

發作時，我會想著「身體一旦獲得自由」要做些什麼？只要減緩，我就去運動、找朋友談天說地、畫畫、幫女兒做辣炒年糕，享受人生。如果沒罹患帕金森氏症，也許我就不會像現在，如此珍惜每一分一秒。

不久前有人問我：「大老遠跑去美國進修，卻因爲帕金森氏症不得不放棄終生醫師的夢想，內心難不難過？」說不難過是騙人的。不過這不打緊，當了三十年醫生，夠了。

他又問我：「什麼事讓妳最放不下？妳有後悔的事嗎？」

誰沒有「後悔」呢？不過，持續煩惱與後悔，對人生沒有任何幫助。如果眞要回答的話，直到現在，我最後悔的就是把人生當成了「作業」！身爲醫生、妻子、媳婦、女兒的我，被無止境的義務與責任追著跑，盡自己所能扮演好每個角色，**我常誤以爲所有事情都不能沒有自己，只顧著向前衝，卻與享受快樂擦身而過**。不管是生孩子的喜悅，還是照顧病人的成就，都無法盡情感受，讓自己不斷活在自責中。

我不想再這樣了！

每天，有數以萬計的人比我面臨更大的挑戰，也有很多人比我先離開這個世界。還能像現在活著，已經值得謝天謝地。不管身體狀況好壞，我都要快樂地度過每一天。

也許，我會因爲病痛而身心俱疲，不過沒關係，身邊總有人會緊緊握住我的雙手。因爲生病，我結束了醫師生涯，卻也開啓了另一個人生。我想學中文，想做出一桌絕世料理招待親朋好友，想看盡許多美景。因爲源源不絕的夢想，讓我覺得活著眞有趣。

人生既然如此，快樂地活著不是更好嗎？

目錄

Chapter

1

不幸背後的幸運！我從捆綁的痛苦中，學會「活著」

Chapter 2

別站在原地，每個瞬間都是改變的機會

Chapter 3

人生不是作業。每一天，我都要活得更有趣的原因

Chapter

4

給孩子們的信——勇敢過你們的人生，挑戰這個世界

Chapter

5

與人生戀愛吧！爲它好奇、爲它心動，讓有限化爲無窮

Chapter

1

不幸背後的幸運！我從捆綁的痛苦中，學會「活著」

我們總是在選擇的岔路口躊躇不決。
其實，路的對錯不是重點，
若因為恐懼而卻步，哪裡都到不了。
重點是該怎麼努力，把這條路走成屬於自己的路。

我用十二年，重啓四十三年的人生

二〇〇一年二月，我在遞愛援助福利基金會（Love Aid Foundation）有一堂課。而那天早上，我確診罹患了帕金森氏症。

當時的心情，就像是被鐵鎚狠狠敲了後腦勺，頭暈目眩。不過，課程不能說取消就取消，我仍是一如往常地上課。然而，直到下課準備搭計程車離開時，淚水終究潰堤了。

帕金森氏症，是一種因腦部無法正常分泌「多巴胺」的神經傳導物質，進而引起四肢發抖、肌肉萎縮、身體僵硬、行動緩慢、無法言語表達等症狀的神經退化性疾病。

這是一種退化型疾病，好發於六十五歲以上的年長者。像是若望．保祿二世（Ioannes Paulus PP. II）、穆罕默德．阿里（Muhammad Ali-Haj，美國拳擊手）、羅賓．威廉斯（Robin McLaurin Williams，美國演員）都患有此病。不過，我才四十三歲，這眞的太殘忍了！

帕金森氏症還會伴隨不少可怕的併發症，如憂鬱症、失智症、妄想症（也就是被害妄想症）等。我簡直不敢相信，人生竟要面對這麼殘酷的試煉。最可怕的是，至今仍然沒有明確的治療方法。這個「罕見疾病」通常在發病的十五至十七年間，就會出現嚴重障礙或死亡。也就是說，我的人生在六十歲以前，就將畫下句點。

十八歲時，姊姊因車禍離開人世，我一時無法面對，曾想過自殺結束生命。不過心裡出現轉念，我開始覺得既然活下來了，就更應該認眞過日子。爾後的人生，我比任何人都勤勉努力。

爲什麼我會生病？我到底做錯了什麼？盡心盡力服侍公婆、辛辛苦苦生下兩個孩子，好不容易開了個人診所，卻突然跑出帕金森氏症這個不速之客。不久前，我甚至野心勃勃地想著要帶兩個孩子到美國留學，自己順便進修關於精神分析的課程。大兒子剛念國中、小女兒才國小，如果我不在了，這兩個孩子該怎麼辦？這一切實在太過荒唐了……！

我無法保持平常心，只好休診。後來，幾乎整整一個月的時間，我只躺在床上，什麼事也不想做。如果我不是醫生，就不會這麼了解帕金森氏症，也許不會像現在一樣恐懼。但是醫生的背景，讓未來的人生清清楚楚地刻畫在眼前。我陷入憂鬱，失去動力，躺在床上呆望著天花板胡思亂想。

我曾經天眞地以爲，就算自己得了絕症，只能活幾年，仍能比一般人冷靜，以最快的速度接受現實。畢竟這種事，就算一哭二鬧三上吊也於事無補。事實上，我根本接受不了，也害怕面對一切，更恨透這個世界。我愈是憤怒，就被憂鬱的泥沼埋得愈深，甚至想一死了之。

不過，某一天一個念頭，我告訴自己：「妳到底在做什麼！不是好好的嗎？只是未來沒那麼光明燦爛，行動有點不方便，有什麼好自怨自艾的？竟然爲了『未來』瞎操心，毀掉自己的『現在』。」

雖然疲勞的時候，右腳會有些無力，寫字變得辛苦，但是只要適當休息，日常生活跟看診都沒有太大問題。何必因此毀掉自己？一開始，我懷疑自己得了

「漸凍症」，漸凍症患者通常撐不過五年，所以我已經算很幸運了。

雖然目前帕金森氏症還沒有方法治療，不過醫學不斷進步，說不定以後就有了啊！就算腦中多巴胺細胞已經消失了八〇%，不過我還有二〇%。即使治不好，還是可以努力減緩發病速度。

我重新振作，繼續看診，教課，做家事，照顧公婆、老公和小孩。奇蹟就這麼發生了。一般來說，多巴胺致效劑（Dopamine agonists）只能維持三年，我卻靠著它撐過了十二個年頭。直到二〇一三年才開始左旋多巴（Levodopa）的療程。這十二年間，我總共寫了三本書，持續教課，到目前都沒有痴呆症狀，憂鬱症也只是輕微而已。

如果當年我選擇躺在床上繼續憎恨世界，那麼我現在會是什麼樣子呢？

也許身體已經無法正常運作，併發失智症，還患有重度憂鬱症，過著毫無意義的日子。**人生總有許多不幸，誰都避免不了。然而，發現不幸之後是好是壞，完全取決於自己的心態**。

同樣的十二年，卻有著截然不同的結果。這是二〇〇一年二月確診帕金森氏症後，我所領悟到的事。

阻擋你前進的，只有恐懼及自己

二〇一四年一月三日，我正準備上班，卻發現身體不大對勁。之前推延沒服用的左旋多巴，因症狀不斷惡化，已經吃了十個月卻沒有成效。現在的我已經沒辦法繼續看診了，於是請求病患的諒解，宣布休診一個月，停下手邊的工作。

這麼多年從未放棄的「工作」，這次恐怕眞的不行了。原本只打算休診，但惡化的情況比想像中嚴重，最後只能以療養身體爲由，讓診所「歇業」。我獨自前往濟州島，在一間小屋專心調養。起初，也許是因爲空氣清新，雖暫時中止療程，但病情卻意外地好轉。

不過，這只是短暫的效果而已。我的身體變得愈來愈僵硬，左旋多巴的藥效

只能持續三個小時。整天幾乎有一半的時間，只能躺在床上，枯等下次吃藥的時刻來臨。

藥物的副作用讓我汗如雨下，每晚至少要換三次衣服。藥效一減弱，自律神經系統就會失調，心跳脈搏飆升至一二〇以上，全身動彈不得，連翻身都很困難。蓋在身上的棉被只讓我覺得沉重，想踢開卻只感到雙腳僵直。

有人形容**帕金森氏症——就像用繩子緊緊捆著身體**。這種狀態，唯有親身經歷才會知道有多痛苦。

最棘手的其實是「上廁所」。帕金森氏症患者非常頻尿，晚上得勤跑廁所。好不容易睡著，卻因尿意而醒；上完廁所回到被窩，僅僅小睡一下，一、兩小時後又開始想上廁所。整晚在被窩和廁所間反覆來回。

某晚凌晨，我一如往常醒來如廁，費盡千辛萬苦站起來，試圖往廁所的方向前進，身體卻倏地往前一傾，差點摔跤。明明是自己的雙腿，卻完全不聽使喚，近在咫尺的廁所怎麼也到不了。我眼盯著廁所，試著移動汗淋淋的身子，中途摔了好幾次。當時，真的很想原地解放，不過，一個成年人尿在褲子上能看嗎？更慘的是，這樣的痛苦時分，家裡只有我孤零零一人……好寂寞。

我凝視著雙腳，嘗試移動步伐。神奇的是，我的腳眞的動了！我繼續盯著雙腳慢慢移動，不知不覺廁所就到了。平時花兩秒就能到的地方，我竟然花了五分鐘，**不過沒關係，反正達到目的不就好了嗎**？

「一步一步慢慢來。」

我開始學會專注現在。我們踏出的每一小步，不僅意味著開始，也意味著結束。認眞踏出眼前的每一步，未來就在不遠處。

想像一下，當我們站在長長的階梯前望向終點，想到爬上去簡直就像不可能的任務。然而，愈是想快點爬到，距離就好像愈變愈遠，前進的動力逐漸被消磨殆盡。**一旦開始抱怨終點到底還多遠，就意味著你離放棄愈來愈近**。與其如此，不如專注眼前的步伐，一階一階向上爬，你會發現，身體的疲勞早已被拋到九霄雲外。

「一步步踏出去很簡單。不過，萬一路是錯的怎麼辦？假如一步步走著，卻走到懸崖峭壁邊，又該怎麼辦呢？」患者用生氣的語氣質問我。

我擔任這個病患的主治醫師已經好幾年，但因爲我的病情惡化，不得已只好把他轉診給其他醫生。但是，他卻哭著打電話給我：「另一個醫生跟我合得來嗎？他幫得了我嗎？如果不行怎麼辦？」

我如實地回答：「我也不知道。」沒有實際相處過，誰也不知道他跟另一個醫生合不合得來。雖然滿懷歉意，但是我只能盡量介紹給他「最可能」適合他的醫生。當然，我的判斷不一定正確。

「如果你跟這位醫生合得來，那就繼續看診。合不來，只要找其他醫生就好了。如果你像現在這樣只顧著哭，不去改變，病情只能繼續惡化。眞的很抱歉，不過，現在的我沒辦法再繼續擔任你的主治醫生了。」

我們總是在選擇的岔路口躊躇不決。其實，路的對錯不是重點，重點是該怎麼努力，把這條路走成屬於自己的路。就像另一半如果不等到婚後一起生活，也很難知道合不合適。婚後萬一不合，透過磨合，也能讓彼此成爲「對的人」。

人總會走錯路，也可能因爲一些小插曲，使得前面的努力功虧一簣。不過，我認爲，世上沒有錯的路。只要從中學習，失敗就不是失敗。錯的路途上，可以學到很多意外的事物，人生也會因此變得多彩多姿。計畫往往趕不上變化，**因爲恐懼而卻步，哪裡都到不了**。

有時憤恨不平的力量，能夠成爲人生的動力。不必堅持走最短、最快的捷徑，只要勇敢邁出步伐，就沒什麼好怕的了。

即使你先抵達終點，卻沒有一同分享的人，反而更顯淒涼。千萬不要放棄，試著鼓起勇氣踏出去吧！雖然花五分鐘才走到廁所，但是抵達的那一瞬間，我內心仍澎湃不已。

拋開「要從名校畢業，成爲與比爾蓋茲不相上下的世界首富」的人生價值觀，體會勇氣所給你的人生價值吧！

只要今天比昨天好，就是幸福

二〇一四年時，我跟媽媽一起從濟州島飛回首爾。兩人站在機場的行李轉盤前時，我突然動也動不了，「發作了。」我集中精神看著雙腳，內心吶喊著：「一步，只要一步就好。」卻一點用也沒有。

好不容易支手撐著牆，看了眼錶上的時間，發現離下次吃藥時間還有兩個多小時。當時，所有人都拿完行李離開了，只剩下我和媽媽。禍不單行，我又想上廁所了。媽媽心急如焚，想攙扶我前行卻動也動不了。

那時，一個打掃的婆婆剛好經過，問我們發生什麼事了。聽完緣由的她，立刻推了臺手推車過來。如果不想尿褲子，就只剩下這個辦法了。我坐上手推車，

上完廁所，不得已還是提前吃了藥。平常如果不遵守一天三顆的原則，過量服藥就會產生副作用，不過那天眞的是走投無路了。

到現在我還不敢想像，如果沒有那臺手推車，我會發生什麼事……。

「眞的走不動了嗎？求求妳，再試試看吧？」沒有親身經歷過的人是不會懂的。家人們對我的狀況雖瞭若指掌，但遇到這種情況，還是會一時心急、手足無措，說出這樣極其卑微的話。

我很清楚他們的心境，但還是會難過傷心。這種感覺，就像生孩子時椎心蝕骨的痛，不曾親身經歷的人很難體會。

不能走，就只能爬，連爬都爬不動只能躺著的時候，內心的煎熬比想像中更難受。有人這麼形容：「身上的骨肉都如蜻蜓翅膀般剝落一地，好痛。好想就這麼死去，就這樣不再痛了。」

聽到這段話，讓我瞬間淚流滿面。坦白說，面臨極度痛苦時，我曾想過從窗戶一躍而下，死了算了。每當夜深人靜，家人熟睡，我獨自在拂曉時分痛到難以入眠，我就會忍不住想，與其痛苦地活著，不如死一死好了。

不過，我並沒有這樣做。因爲我知道**總有不痛的時候**。二十四小時裡，痛與

「等待」，帶給我希望的翅膀。

痛之間，總會有緩解的時候。我等待，等待病痛緩和，等待吃藥後的自由活動。在這段時間，我會做自己想做的事，吃飯、運動、散步、買菜，或者跟朋友一起談天說地。

等待變成一種希望！如果沒有不痛的時段，吃了藥也不能活動，也許我也會萬念俱灰。幸運的是，到目前爲止只要等待，緩解的時刻總會來臨。

「昨天痛到連尾椎都痛，今天竟然可以側躺了耶！身體不能動，但手指頭可以亂動，蠻開心的。當今天的藥效只撐了兩個小時，我就會猜想明天會不會久一點呢？」

如果今天比昨天好，那便是一種幸運。當然，今天也可能比昨天更糟。不過，我不會輕言放棄，因爲明天也許又不一樣了。羅馬思想家西塞羅（Marcus Tullius Cicero）曾說：「只要活著就有希望。」我不奢求痊癒，只希望惡化速度可以減緩，讓我做更多想做的事。

幸好在我前往濟州島療養後，急速惡化的病情好轉了不少。原本除了藥效持續的三小時外，寸步難行的「關機狀態」也已逐漸好轉。雖然還不到可以奔跑的程度，但走路的速度變快了，可以漫步到鄰近的地方逛一逛，甚至還能寫稿。

對我來說，這些都是奇蹟，因爲六個月前，我甚至還想跳出窗臺結束生命。

沙漠中，有與我不離不棄的小草。
大火燒盡的森林中，有相信生命、屹立不搖的大樹。
火山灰覆蓋、熔岩侵蝕的山腳下，
有蟲兒與動物趕來掃走灰燼。
我若放棄，無人伴我。
若不放棄，不論身於何處，
都將有萬物伴隨。
成堆的石頭，枯竭的溪谷，
仍會有水注入，再次化為涓涓不息的河流。
唯要，永不放棄。

這是韓國詩人都鍾煥的詩——《荒廢之後》。我想成爲詩中的小草與大樹。
如果就這麼放棄，人生實在太可惜了。

每天都有數以萬計的人比我先離開，或是面臨更重大的挑戰，我能像現在這樣活著，已經謝天謝地了。

雖然沒有人能代替我承受痛苦，但是他們會握住我的手，關心著我：「很不舒服嗎？」甚至，為了我哭泣。我沒有理由絕望，即使病況繼續惡化，我仍會找到可以做的事。

人生既然如此，**快樂地活著不是更好嗎**？

藏在「不幸」背後的「幸運」，你看見了嗎？

四十年前因爲一場車禍，摯愛的姊姊突然離開了我。面對突如其來的死訊，我難過地不發一語。還來不及悲傷，一個月後奶奶也離開了人世。

那年，我剛升高中三年級，只能告訴自己：撐下去。姊姊曾跟我約定，她要成爲史學家，我則當個醫生。爲了履行約定，我發憤圖強，努力念書。後來，終於考進理想的醫學大學。

不過刹那間，我突然感到一切是那麼虛無。最該爲我開心的人卻不在身邊，留下我獨自一人。我幾乎無法接受這樣的現實。

回頭想想，自從姊姊離開，堅強掩蓋了悲傷，等到入學我才終於爆發。遲來的傷痛，讓我不知如何停止徬徨。這個世界，轉眼間就帶走了充滿夢想的她，我努力活著又是爲了什麼？一切變得虛無，我躊躇不前。

此時，堂哥對我說：「惠男啊，人生做不到『最好』，還有『次好』；即使做不到次好，還有『不錯』。所以，人生要走到最後才知曉。」

在完成和姊姊的約定後，我誤以爲人生旅途就此結束。不過，堂哥卻告訴了我，**人生其實有很多條路，甚至有數不清的選擇，不能輕易爲人生畫句點**。當時的我不明白這段話眞正的意義，但是他撫慰了我的心靈。

人生還沒結束，我要繼續努力下去。日後的人生，我想活得更加燦爛、精采。

完成醫大學業的六年間，我比任何人都勤奮進取。實習期間的優異表現，使我理所當然認爲自己會留在附屬醫院，接著考上專科醫生的執照，最後成爲大學教授。

然而，最後選上住院醫師的人，不是我。我被迫離開附屬醫院。曾經不管做什麼都受人稱讚的我，眞以爲自己多麼與衆不同。這個出乎意料的結果，讓我覺得自己毫無用處，當下的失望與絕望實在難以言喻！

離開附屬醫院，我選擇了一間國立精神醫院。在院內晃了一圈後，我流下了淚水。白色的建築配上冰冷的鐵窗，我難以置信要在這種地方，展開住院醫師的生涯。

原本應該待在附屬醫院的我，怎麼會淪落至此？愈想愈悲慘，愈想愈生氣。不過，人生眞是走過才知曉。當住院醫師的三年裡，我積攢了不少經驗。學到精神治療不僅有藥物治療，還接觸到心理劇、藝術治療及精神分析。假如當初我留在附屬醫院，就不會擁有如此珍貴的經驗。當時，心理劇治療法並不盛行、鮮爲人知，我還因此受到注目。

不僅如此，在擔任住院醫師指導員期間，因爲教導學生，我必須不斷閱讀研究論文以及各種臨床實驗，而學到更多。

原本陷入絕望的人生，沒想到，反而讓我累積不少經歷，找到嗜好、專長與目標。如果當初留在附屬醫院，我就只能走上早已擬定的道路。誰也沒想到離開「最好」的路途，走上「次好」的道路，卻因此發現自己無限的可能，學到自己從沒想過的事物。

人總想實現自己的期望。但人生有這麼多選擇，千萬別因爲離開預期的軌道，就斷定自己是失敗者。這只不過是被關上一扇門罷了。上帝關上一扇門，必定會爲你開啓另一扇窗。

沒必要因爲達不到「最好」而感到挫敗。做不到「最好」還有「次好」；做不到「次好」還有「不錯」。也許，你會跟我一樣，在次好的路上，發現自己沒想過的可能性。

人生，要走到最後才知曉。

活著的我們，就是一種奇蹟

藍色緊身衣配上紅內褲，以及飄逸的披風，自由飛翔於天際的超級英雄——超人。當年，擔任主角的克里斯多福．李維（Christopher Reeve）還只是一個新人，隨著電影賣座全世界，突然躍升爲國際巨星。

四十二歲的他，某天騎著愛馬越過障礙的途中，不幸落馬，傷到頸椎。好不容易撿回性命，卻換來四肢麻痺，連一根手指都動不了。不過，他沒有就此放棄，透過手術治療及復健，終於能夠擺動一根腳指頭。

他努力不懈，最後還把自己緊緊固定在輪椅上，靠著腳趾控制，繼續生活，甚至坐在輪椅上擔任電影導演。在一九九八年發行的電影《後窗》（*Rear*

Window）中，以臉部表情展現精湛演技。

某次的訪談中他說道：「我領悟到克服人生障礙唯一的方法，就是**發覺自己擁有的一切**。你會察覺，原來自己還有很多事可以做。我的幸運就是大腦沒有受傷，還可以跟一般人一樣思考。」

如果沒罹患帕金森氏症，也許我不會如此有共鳴。確診後，我開始反覆思考他的話。我曾以爲自己失去了一切，怨天尤人、埋怨世界。不過，某個瞬間我突然發現，原來我是富有的人。雖然因病失去許多，但也還有很多我能做的事。

首先，我體會過想動卻動彈不得的感覺，所以我感激手指頭、四肢、腳趾都還能動。我不像克里斯多福，四肢麻痺，這已是多麼幸福啊！所幸病情惡化得很慢，我才能享受現在的生活。

帕金森氏症最常伴隨的併發症——失智症。不過，確診到現在十五年，我還沒有發病已經算是奇蹟，能寫這本書又算是另一個奇蹟。還能正常思考，已經是何等幸運！

感謝老公，雖然治療費要價不菲，多虧他經營個人診所還算成功，我才得以放下工作，專注於治療。萬一家裡無法負荷，甚至傾家蕩產，那我可能就堅持不到現在了；也可能會因爲投入工作，沒辦法好好照顧兩個心肝寶貝。感謝老天爺，讓他們健康平安地長大了。

至於媽媽，她已年近八旬，還要照顧五十歲的女兒。自從公婆去世，我的病情開始惡化，媽媽因此搬到家裡照顧我。有時候，就算睡姿維持太久，皮膚被尾椎頂得紅腫，但爲了我，她連翻身都不肯。每次發病，她總會守在身旁叫我的名字，輕聲安慰讓我心安。這麼辛苦的她，卻總是對我說：「對不起。」

我出生之際，媽媽因爲一場大病臥病在床，沒辦法親餵母奶。我每天餓著肚子，只懂得吸吮手指，身體因此變得虛弱。媽媽滿懷歉意，說都是她的錯。

雖然她的身體硬朗，不過在該享福的年紀，卻還爲了我吃盡苦頭。我注視著她，內心湧現既抱歉又感激的複雜情緒。如果是以前的我，可能會覺得媽媽是親人，照顧是理所當然的。然而，這場無法獨自面對的大病，讓我體會到身邊有個能夠安心託付的家人，是一件多麼幸福又令人欣慰的事。

住在濟州島的那段時間，有太多需要感謝的人。他們即使和我並不熟識，但仍伸出援手，我既驚喜又感恩。我的人生沒有白活，一定要快點康復才行。當我獨自一人，沒有車、行動不便，覺得孤單疲憊時，多虧這些人，濟州島的生活才能充滿溫情。

如果沒有帕金森氏症，我也許不知道，在身邊擔憂、幫助著我的你們，有多麼珍貴。

人權運動家，在監獄裡度過二十七年，同時也是南非第一任黑人總統的納爾遜·曼德拉（Nelson Rolihlahla Mandela）曾說：「從監獄出來後，散步、購物、買報紙、說話、沉默，這些微不足道的小事，都變得感恩。」

過往，我從不知道人生有這麼多值得感激的事。**看不到擁有的，不斷追尋及懊悔無法擁有的事物**。總是自顧自向前奔跑，驀然回首時，才發現自己原來這麼富有。

曾以爲帕金森氏症讓我失去一切，然而，現在發現自己其實很富有，還有很多值得感恩的事。在錯綜複雜的世界，沒有任何意外，能夠平安活著就是一件值得慶幸與感激的事。

所謂的「奇蹟」好像沒那麼偉大，活在當下的我們，不就是一種奇蹟嗎！

我無法拒絕疾病，但我練習活著

我曾以爲到死之前，自己會一直當醫生。就算到了七、八十歲，只要體力可以負荷，就會繼續看診。我喜歡幫助患者克服內心傷痛，診療能證明我的存在價值，自己也能感到充實。不過一場病，很多事都被改變了。

確診至今已經十五年。對我來說，帕金森氏症像是一個不速之客，忽然闖進我的人生，鳩占鵲巢。不僅如此，還很難搞，每天要照三餐伺候才會安分。有時候，我會疲累、難過，甚至生氣。但是，我從這位「不速之客」身上，學到不少。

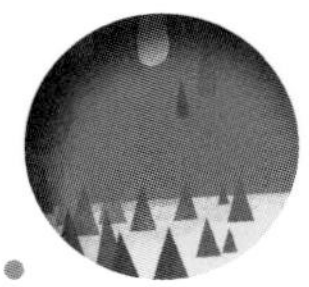

與其努力改正缺點，不如突顯優點

帕金森氏症讓我就像是個背著殼的蝸牛，沉重的身體是殼，我得靠著意志力才能緩緩移動。

生病後，我的右腳最先退化，經常得拖著它走。有時候費盡千辛萬苦，仍然固執地動也不動。

後來發現，只要用力移動健康的左腳，右腳就會跟著慢慢動起來。因此我體悟到，在有能力的部分好好下功夫，較弱的地方也會跟著進步。但若費心於不足之處，就只能原地踏步。

換句話說，與其努力改正缺點，不如把心力集中在優點上，讓擅長的事物變得更強大。硬要把做不好的事做好，需要消耗大量精力。還不如放下缺點，將時間投資在優點，才能創造最大的價值。揚長避短，以優點掩蓋缺點，不但不用爲了修改不完的缺點煩惱，即使別人說三道四也能處變不驚。

一個能毫無畏懼展現缺點的人，才是眞正具有強大力量的人。

在流逝的時光中，發現「顯微世界」

大學三年級的某天，從圖書館回家的路上，我留心環視四周後，才發現秋葉散落一地。還來不及看見楓葉染上樹頭，草木凋零的晚秋卻已悄聲來臨。原來，每天日以繼夜地待在圖書館念書，我好像錯過了某些重要的事。在那之後我再度忙碌起來，跟好多人事物擦身而過。

生病後，我走路的速度變得緩慢，躺在床上的時間變多了。這才開始仔細觀察，先前沒時間查覺的世界。我明白了，**世界的每個角落，再細小的事物，都有它的美妙與意義**。

某一天，我靜靜凝視樹葉上的小水滴，發現每顆水滴裡，都有一個小宇宙，美不勝收。熬過痛苦的夜晚，迎來光明時，我才發現太陽升起前的天空，原來如此宏偉壯麗。

以前餵金魚飼料，總是急急忙忙；現在則有時間慢慢觀察牠們張開小嘴，緩緩咀嚼的樣貌，竟是如此可愛。睡著時，嘴角掛著淺淺微笑的孩子，很美；漆黑的巷子，聳立在一旁的路燈發出微亮的光芒，很美；人們熟睡時，把世界漆成白色的雪景，也很美。

黑柳徹子曾在《窗邊的小荳荳》中寫道：「世上最可怕的也許是，有雙眼卻看不到美；有雙耳卻不懂欣賞音樂；有心卻不懂何謂眞實與感動；有熱情卻無法燃燒的人。」

如果不是生病，我可能會錯過很多美好的事物。也許還會反問：「這些重要嗎？」不過，現在我知道了，夕陽西下有多麼美麗壯觀；身邊的人們雙手有多麼溫暖，足以撫慰受傷的心；人生又該有多麼珍貴、多麼美妙！

學會等待，學會謙卑

有一次，患者跟我說：「妳變了。」原來在不知不覺間，我變得更加沉著，表情變得溫和。他問我祕訣是什麼？我笑著說：「病，就是我的老師。」

生病後，我開始能體會他人的痛苦，更能包容世上萬物。以前我認爲對的事，總會拚命說服別人。而現在的我，學會等待。「那個人也許還沒準備好，只要繼續努力，等對方準備好，就會懂了。」

以前，我不承認自己的極限，自以為了不起；現在的我，知道極限、學會謙卑，勇於承認錯誤。現在的我知道自己不應該「對還沒準備好的人拚命追趕，這樣做會讓他受傷」。

「幽默」，讓笑容重回臉上

每個人一聽到我的病況，總是不知所措、一臉「怎麼辦才好」，這種時候我都會先笑著說：「我啊，年輕時只有錢跟美貌；老了之後，就剩下債與病了。」一個玩笑話，讓他們放鬆嚴肅表情，不再那麼彆扭。

雖然我罹患了帕金森氏症，但是我不想以「我是病人」的態度，活得鬱鬱寡歡。我喜歡開玩笑，想跟大家笑著度過每一天。

朋友們聚餐，我常笑說：「你們知道行動不方便最大的好處是什麼嗎？就是不用請客付錢。每次我走到櫃檯，你們早就結完帳了。給我點機會啦！讓我請客表現一下啊！」每次開玩笑，就感到病情好像轉好，心情也變得輕鬆。

我索性幫自己取了個外號：「三小時女王」。因為吃藥後，只有三小時的自由時間。雖然不是神力女超人（Wonder Woman），但是這個外號也不錯。除此之外，我還常說：「三小時女王駕到！」、「三小時女王，變成兩小時女王了！」等玩笑話。

幽默的力量眞不小，不管是說的人還是聽的人，都會暫時從沉重的氣氛中跳脫，用力地開懷大笑。十五年來每天被病魔折騰，每當痛苦萬分之時，我就會翻一翻韓國知名作家李海仁修女的《病床日記》爲自己打氣。

今天，
我不吃藥。
一次不吃，
會怎麼樣呢？
就算放棄，
會換來責備，
但今天的我，

不想當一個病患。
我下了輕率的決定，
今天不吃任何藥。

我裝作若無其事，
不過好羨慕，
羨慕那些不吃藥的人，
羨慕那些不去醫院的人，
真的，羨慕。

不過這個決定，
不能持續太久吧？
只有今天，
我決定，原諒自己。

讓自己成為最沉重又最甜蜜的負荷

俗話說：「久病無孝子。」我在附屬醫院實習時，體會過不少次這句眞理。我見過爲了支付植物人父親的醫療費用，兒子把房子、車子都賣了，還欠下不少債務。有一天，這位孝子忍不住抓住父親，放聲大喊：「你能不能就這樣死了算了？」我還曾目睹一個老奶奶，不捨家人爲了她勞碌奔波，求醫師放手讓她離開人世。

這些畫面讓我下定決心，絕不要成爲家人的包袱。與其死去，我也不願成爲別人的負擔。因此，我曾對老公說：「如果有一天我動不了了，請把我送去安養院吧！求你了。」

再狹小的世界，我一樣活出寬闊的人生。

二〇一四年一月診所歇業後，我沒了收入來源。正確來說，應該是除了四本書的版稅外，沒有其他收入。即使知道這一天遲早會來臨，但眞難以接受。雖然老公有自己的診所，我不用爲錢苦惱，但是失去工作能力，仍帶給我無力感。

我的病情惡化速度不算快，然而，跟十五年前相比，還是帶給家人不少不便之處。除了昂貴的治療費用，有時病情惡化，只能躺在床上動彈不得，便需要他們照顧。

我恐懼、悲傷，未來的我可能連路都走不了。萬一又得了失智症怎麼辦？生活不能自理，心智退化，最後成爲沒用的人該怎麼辦？如果我剝奪家人的時間與精力，成爲他們的重擔該怎麼辦？是不是乾脆消失比較好？我的消失，是爲了我、爲了他們最好的選擇，對吧？

我感到慚愧……身爲醫生、滿口大道理安慰患者的我，原來沒什麼了不起。我曾告訴自己，自己是幫助別人的人，絕不需要他人的幫忙，也許是這股自尊，讓我難掩對自己的失望。

我決定搬到濟州島療養。當時告訴家人，想去空氣清新的地方專心修養，安靜地享受一個人的時光。其實，害怕造成家人負擔的自責感，才是眞正的原因。

然而，事與願違，隨著病情惡化，六個月後我又回到首爾。因爲一個人生活，我什麼都做不了。但是，兒女卻非常歡迎我回來。「來啊！媽，跟我們一起住！」

不久後，女兒對我這麼說：「下班回來可以看到媽媽在家，開心之餘又很安心。媽，妳哪裡都別去，一直待在這吧！」

也許是家人溫暖的笑容與安慰，惡化的病情如雨過天青，重新好轉。某一天，我突然一想，如果立場互換，家人生病需要照顧，情況又會如何？也許一開始我會傷心難過，不畏辛勞、盡心盡力。但是，時間一久，我可能會略顯疲態，也會開始抱怨，希望他快點康復。

想到最後，一股強烈的否定襲來。不是的！萬一他自責想結束生命，那麼我不但會因此感到自責、後悔，也會埋怨他不顧家人，做出這麼自私、不負責任的決定吧！

自責，不僅會使克服病魔的信心消失，更會造成恐懼。明明是爲了家人好，卻只帶給他們無力感與罪惡感，成爲他們心中更憤怒、更沉重的負擔。這根本只是逃避病痛的藉口，而不是爲了家人。因此我決定，「成爲家人甜蜜的負荷。」

當時，我不想讓孩子看見羸弱的自己，自顧自的就搬到了濟州島。沒想到，這一去卻深深傷了他們的心。我想躲開，卻反倒讓孩子以爲：「媽媽不需要我」，而爲此憂傷。「我是家人的負擔」這個想法不但陷自己於不幸，也會讓守護我的家人不幸。

與其如此，不如就讓孩子看見我不屈不撓的樣子吧！讓他們知道，擁有他們的陪伴非常幸福，戰勝病魔是早晚的事。笑口常開，讓他們知道「媽媽很快樂」。這樣一來，以後他們即使遇到困難，都能百折不撓、勇往直前。

成爲「甜蜜的負荷」才是對愛我的家人最好的回報。除了家人，還有誰能夠在我最虛弱的時刻完全接納我，又讓我放心地把自己交給他呢？

最近我常跟孩子們聊天，他們遇到困難也會打電話給我，尋求建議。而我會跟他們分享一整天發生的事。老公每天會打上好幾通電話，關心我今天過得好不好，我也會聽他訴說他一天的故事。雖然，他們不能減緩我的病痛，但我仍感激他們願意守在我身邊。關心是雙向的，有時，他們甚至反過來向我道謝。

是的，我很幸福。決定成爲「甜蜜的包袱」是對的選擇。

Chapter

2

別站在原地，每個瞬間都是改變的機會

只有自己才能解決人生中遇到的委屈。
不想做與想做的事；不想見與想一輩子在一起的人，
這當中會發生無數的摩擦與故事，
先改變自己，面對並解決問題，這才是真正的人生，不是嗎？

有時候，「忍耐」讓你看見美麗的風景

在我升上高中二年級的那一年、剛考完期末考，就接到姊姊因爲車禍意外離開人世的惡耗。還記得那天早上，姊姊笑著離開家門，準備參加大學新生訓練，卻在校門口被汽車追撞。

只大我一歲的她，比朋友更像朋友，我們相處有如靈魂之交，卻在一瞬間從我生命中消失。不僅如此，在她離開的一個月後，奶奶也跟著去世了。

那時，我不敢放聲哭泣。某天半夜，我忽然聽見隔壁房裡傳出哭聲。我悄悄開門一看，媽媽正在安慰著泣不成聲的爸爸；隔天卻換成爸爸在安慰淚如雨下的媽媽。向來堅強的爸爸，還是經不起奶奶跟姊姊接連離開的事實。

他說，看著我們這些孩子，經常使他想起死去的女兒，最後他選擇調職到離家裡千里遠的工廠工作。家裡再也沒人提起姊姊的事，每個人都害怕觸景傷情，選擇把姊姊藏在內心深處。

那時家裡被憂鬱氣氛籠罩，我心裡只想著一件事：「我要忍耐，不能垮。」我不能哭，不能倒下，不能讓他們擔心。連我都倒下的話，爸爸跟媽媽會更加傷心難過的。

高中三年級時，我坐在書桌前暗暗發下誓願，一定要撐下去，並在作業本上寫下一字又一句。「我要替姊姊，活出兩個人的人生，這是我的人生使命。」

然而，一面準備大學聯考，又得獨自面對姊姊的離開，並不是件簡單的事。為了學習，我用繩子把自己綁在椅子上念書，若是不小心打盹就會被嚇醒。這樣的日子反覆進行著。

但，忍耐是有限度的。大學聯考前一個月，我的身體開始出現問題。焚膏繼晷地熬夜讀書，身體過度疲勞下，不僅失眠，還經常反胃，只要一吃東西就吐。我開始擔心這樣的身體狀況，能不能順利考試。

就在考試當天的最後一科化學時，我的視線開始變得模糊，看不到前方，冷

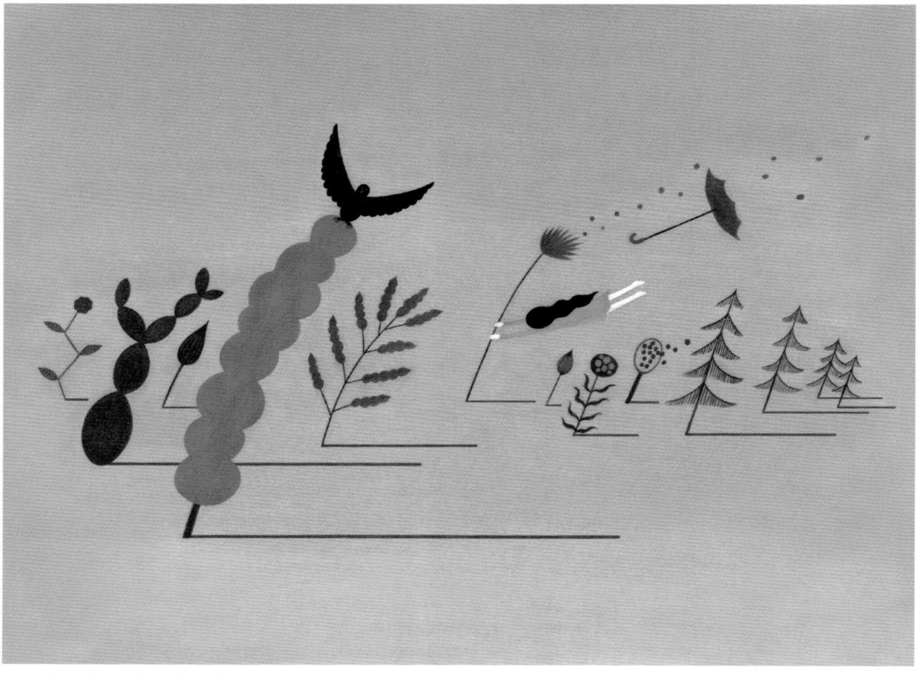

不放手，讓我看到更美的風景。

汗直流。但是，爲了不讓一年的努力白費，我堅持到最後，考上理想的大學。

我天眞以爲，只要進了大學，人生就會海闊天空。然而回頭想想，我才發現自己一直在忍耐。爲了在不滿意的第一份工作上獲得認可，我選擇忍耐；和另一半爭吵想離婚時，我同樣忍耐；過了四十歲，還得忍受疾病的痛苦。仔細想想，人生不就是一種「忍耐」嗎？

不過，人們卻常把忍耐，誤認爲「屈辱」，不知道自己要「屈辱」地活到的什麼時候。其實，忍耐不是一種毫無怨言、只有順從的被動狀態，也不是什麼都不做，光等待著時間流逝。

眞正的忍耐，是平定自己內心的憤怒、藐視與不滿，在不迷失自我的狀態下，調整自己的步伐，滿足外在對你的期待。忍耐，非常辛苦，但**同時是一種主動進取的過程**。忍耐，可謂是一種等待，爲了將來而忍耐，爲了下一個階段而努力。

當年如果沒有撐過辛苦的聯考，我沒辦法進到醫學大學，成爲醫生；如果當年我沒撐過第一份工作，就不會決心繼續鑽研精神分析；如果當年我選擇離婚，就沒有現在的美好家庭；如果我沒有熬過帕金森氏症，就不可能寫完這本書。

忍耐，讓我走出現在的人生，也學到了很多。

它讓我深刻地知道，姊姊的死雖然令人傷心欲絕，但那並不是自己的錯；讓我知道每個人的「存在」是有價值的；讓我了解，其實我也有自己的專長；更讓我知道，我還能夠幫助別人。如果當年選擇放棄，人生也許會變得簡單許多，但也會留下很多遺憾。

在精神治療的過程中，忍耐非常重要。多數患者會不斷測試醫生，並把他們的憤怒與絕望，投射在醫生身上。而必須忍耐這一切的我們，其實非常辛苦。假若醫生沒辦法撫平患者逆轉過來的情緒，治療就會出現危機。所以說，醫生必須先忍過患者的憤怒，才有辦法幫助他們。

這麼看來，在很多事情的過程中，總會出現需要忍耐的時候。忍耐讓我們看見事情的意義與價值，了解自己的極限，在需要的部分做調整，然後懂得何謂生存的法則。**忍耐中所學會的生存，是每個人流血流汗所獲得的果實**。

如果你覺得自己不論怎麼努力都沒有成果，總有其他表現更好的人擋在你前方而讓你因此感到絕望。我想告訴你，忍耐的過程痛苦又煎熬，但只要願意忍，必定會看見陽光。千萬別輸在和自己的戰爭裡，因爲有時候——忍耐就是答案。

不怕犯錯，勇於貼上「新手貼紙」

一九九九年，我終於拿到駕照。一般人二十幾歲就能拿到的駕照，我卻到了四十幾歲才拿到。

這當中聽到了不少次：「妳還沒駕照？」、「我還以爲妳只是沒在開而已耶？」等諸如此類的疑問。或許是因爲姊姊的車禍，有段時間我不太喜歡搭車，也從沒想過要考駕照。而開車這種人人都會做的事，我的運動神經也不差，理所當然地認爲這對我來說同樣是輕而易舉的事。

不過，這種人人都會做的事，竟然對我來說有點困難。

某次開車上班途中，車子不斷發出咚咚……咚咚……的聲響，輪胎跟引

擎蓋還微微冒著煙。一到醫院，我立刻下車檢查，才發現手煞車根本忘了放。還有一次是女兒跟朋友們想去公園玩，我實在拗不過她們，只好載她們出門。直到爬坡進停車場時，車子不知爲何突然往後退，差點撞到後頭來車。

不僅如此，某次下班，我開著車回到家才發現後車廂沒關。還曾經差點被卡車撞，這些事使我更害怕開車。想一想，丟臉的事蹟還眞不少。

內心那股毫無根據的自信，使我誤以爲自己的開車技術不差。可是我在六個月內頻頻失誤，實在汗顏，不得不承認自己是個「初學者」。爲了避免事故發生，我在後頭的車窗上貼了大大的「新手駕駛」。一陣子之後，確診罹病，情況實在不行，只好重新再把車權交還給老公。

不過，一個後輩告訴我，最近新手駕駛們都不太貼「新手駕駛貼紙」了。即使貼了，如果是女性駕駛，不少男性還會嚷嚷著，不會開車爲何出來擋路。聽在耳裡，我眞是無言至極，「女人開車有錯嗎？男人們不也有新手時期？哪有人打從一開始就能當賽車手的！」沒有人一開始就能駕輕就熟，正因爲生疏，所以才叫「初學者」。

沒想到有一天，女兒突然問了一個讓我無法回答的問題。「爲什麼媽媽這麼

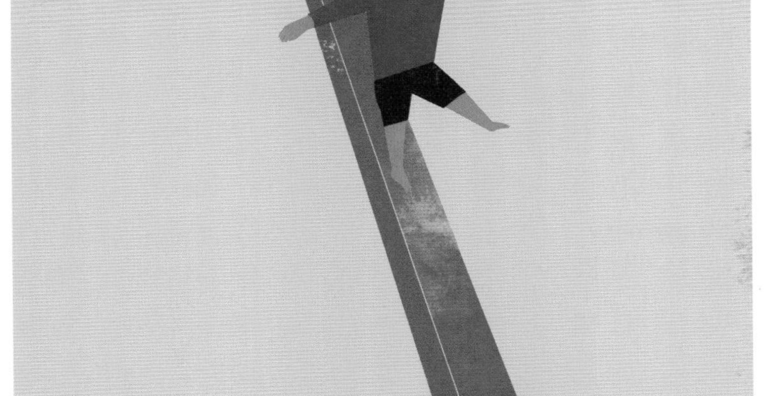

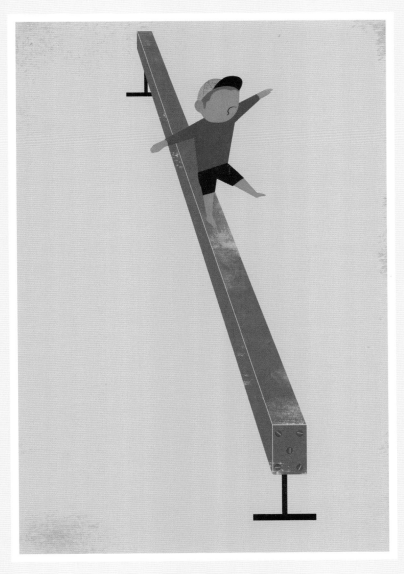

我們都曾學著——在不穩定中走得平穩。

厲害，我卻這麼不成材？好難過喔……。」

跟女兒比起來，我比她多了三十年的社會歷練，漫長的歲月裡經歷無數次嘗試與失敗，才走到今天的位置。她怎麼能跟我比呢？傻孩子，真是想不透。

「妳現階段做不好，那是理所當然的事呀。妳才出社會幾年，怎麼能跟已經走過三十年的我相比。我也是，爸爸也是，在妳這個年紀時，我們比妳更『嫩』呢！」

女兒這時終於露出安心的表情。不過，我忽然感到疑惑。為什麼初學者都不願承認自己是初學者，覺得自己應該什麼都懂？為什麼他們認為從一開始就應該有熟稔的技術和能力？為什麼一點失敗都讓他們感到挫折？

然而反過來想，很多時候公司老鳥都不喜歡新人。他們偏好有經驗的人，期望進到公司就能獨當一面的員工。

如果你問他們：「為什麼不想請社會新鮮人？」他們還會反問你：「要等新人成才，要等到西元幾年？想在競爭激烈的社會中生存，就必須超越別人，沒有公司願意等待新人的。」在這種社會氛圍下，新鮮人自然只能在一旁坐冷板凳。現在的社會已經不能夠理解、也無法等待新人的不熟練了。

儘管如此，我還是告訴女兒，要她在公司為自己貼上「社會新鮮人」的標籤。新手駕駛即使緊握方向盤、緊盯前方，仍不可能駕輕就熟。因為他們沒空環視四周，還會因為過於緊張，耗費不少力氣。因此，剛學會開車時，即使只開一個小時，也足以讓人精疲力竭，癱軟無力。

新手就是新手，失誤與犯錯的可能性很大，所以有義務要先讓人們知道。也許，「新手駕駛」的貼紙會對自己造成不利，不過貼上它，人們才會知道要小心避開或保持距離。

在公司亦是如此，告訴前輩自己是新人，不懂的地方請多指教，讓他們看見你積極學習的姿態。以經驗上來看，沒有前輩會討厭隨時繃緊神經、樂於學習的後輩，因為他們也曾走過新人這條路。

還記得某一天，一個患者跟我說：「醫生妳變很多，妳知道嗎？」

我怎麼會不知道呢？剛開始嘗試心理劇治療時，我只會紙上談兵，沒有經驗。跟患者說話時，一緊張就結巴。為了說出看似厲害的大道理，講話也不自然，只會重複說一些理論上的分析。

不過，這位患者沒有轉診其他醫生。即使我還不熟稔，但他能夠從我身上感覺到我想幫助他的眞心誠意。反正患者們都知道我是新手，我又要在意什麼呢？**我要自己不要再不懂裝懂，大膽犯新人會犯的錯**。不要因爲失誤而感到挫折，要懂得不恥下問，勇於說出：「我不懂，請教我吧！」

後來，我終於了解，只有新人時期犯下錯誤才能不斷被原諒。因此新人時期，犯下愈多錯誤的人，就進步得愈多。這正是「新手貼紙」的魅力所在。

人生每個瞬間，都是最完美的時機

一九八七年時，知名作家塔爾．班夏哈（Tal Ben-Shahar）在以色列壁球比賽中獲得冠軍，那年他二十一歲，是最年輕的冠軍選手。

獲勝的瞬間，他內心激動不已。但僅過三個小時，所有的興奮與激昂便已蕩然無存。因爲他發現壁球並不是以色列的代表性運動，選手不過幾千人，得到第一名似乎不是什麼太光榮的事。

隔天，他下定決心成爲世界冠軍，並啓程前往英國。爲了盡快達成目標，他分秒必爭、日以繼夜地拚命練習。只花了短短一年就晉級到青少年組冠軍賽。不過，無法失敗的壓力與不安導致他四肢抽筋，而與近在咫尺的冠軍擦身而過。

不僅如此，一年來的高強度練習，使他不得不放棄壁球。就算進入哈佛大學就讀，絲毫不能出錯的完美主義並沒有任何改變。

在其著作《99分：快樂就在不完美的那條路上》（*The Pursuit of Perfect*）中，他曾說：「我連作業上的一個字都無法放過，每次的報告跟考試都必須拿到完美成績，爲此我幾乎日以繼夜地念書。每當交報告或考試前，面對可能失敗的風險，我總會失眠好一陣子。」

雖然時常拿到班上第一，但他仍悶悶不樂，甚至開始厭惡念書。他被完美主義搞得身心俱疲，無法面對不幸的自己。他開始研究自己的不幸與焦慮。長時間的研究下，他得到一個答案。對於完美的執著與強迫，使他總是覺得有事情還沒完成，也深感自己不夠優秀，而讓人生變得疲憊不堪。

他以自身經驗爲基礎，著手研究正向心理學。現在的他，已是哈佛大學心理學系的教授。課堂中，他勸導學生千萬別步上他的後塵，變成一個不幸的完美主義者。他說，**放棄完美主義不會讓人生毀滅，反而讓人生變得開闊，活得更加快樂、更加開心**。

我百分之百同意他的話。不僅原諒失敗與錯誤的完美主義者，無法享受「生命的樂趣」。他們只會設立遠大的目標，爲了達成而耗費每一天。日復一日追求無法實現的目標，更別說要他們享受人生了。

他們就像是想玩卻又擔心考試的學生一般，不同的是，他們每天都有考試，都想得到一百分。即使安慰他們「人有失手，馬有亂蹄」，但對他們來說，這些都是汙辱。他們認爲，自己會因失誤而被看不起，對人生造成致命打擊。

爲了避免犯錯，每天汲汲營營於「完美的準備」。進大學前，預習好所有的知識；找工作前，達到公司所有的要求；當媽媽前，準備好所有當媽媽必備的特質；結婚前必須有一間房子；經濟能力不夠時，還不能生孩子。每天苦惱「這個時候該怎麼做？」、「那個時候該怎麼辦？」然而，想得愈多，準備事項就愈多。**結果爲了準備，反而什麼都沒開始，把人生浪費於此**。

愈是覺得準備周全才可以執行，就愈是無法行動。我們沒辦法知道明天會發生什麼事，也無法預測會有什麼危險，更不會知道該怎麼預防。

駕照的筆試明明只要六十分就算及格，卻強迫自己一題都不能錯。日夜苦讀，準備過程比起「考六十分就好了」的人辛苦萬倍。然而，彼此的結果卻沒有任何不同。

人生就是這樣，再怎麼準備都沒有所謂的完美。如果想握有「完美履歷」再找工作，至少要等到三十歲以後；如果想買房子再結婚，那麼四十歲以前都可能結不了。因此，不要再等待所謂的完美！試著以六十分的成績，度過接下來的日子吧！

某一天，一個女性後輩深嘆了一口氣後，萎靡地對我說：「我家根本就是家徒四壁。」

原來剛迎接新婚生活的她，因爲工作而分身乏術，結果新房裡缺了不少物品。雖然有很多想買的東西，但是手邊的錢有限。「爲什麼連個盤子都這麼貴？」

看著她不斷抱怨，我說起以前的自己和她一樣，總是爲錢苦惱。不過，當自己慢慢地替新家添購家具時，才發現蘊藏其中的樂趣——沒有水果刀，就拿菜刀切；沒有飯勺，就拿湯匙頂替。還有曾經因爲沒錢而猶豫半天，最後貪小便宜卻後悔不已的往事；或是下定決心花了大把鈔票買家具，最後放在家裡布滿灰塵而悔不當初。

回想起來，在布置新居的過程中，眞有不少回憶。反正缺幾個家具，少幾個碗盤也沒什麼大不了。反而在買飯勺跟水果刀時，內心多了一份滿足感。看著空蕩蕩的家裡，逐漸被家具填滿，就好像用自己的力量做了點什麼，豁然開朗。打造家園的喜悅，也是那時候才體會得到。

我對她說，想要準備的東西永遠也準備不完，買了這個又缺那個，慢慢來吧！太著急反而會買了不適合的家具，最後後悔不已也說不定呢！

法國攝影家亨利・卡蒂爾・布雷松（Henri Cartier-Bresson）曾說：「我曾經爲了追求拍攝『決定生命的瞬間』而迷航。然而，人生的每一個瞬間，其實都是決定性的瞬間。」我不等待完美的時機，反正人生總有空缺，我會一直開心地填補每一個空缺。

走我想走的路，即使還沒準備好又如何？一邊做、一邊準備不就好了嗎？反正——**人生的每個時刻，都是決定性的瞬間**。

「選擇」，是改變你最大的力量

以前的年代，若村裡有某戶人家的孩子考上名門大學，或是通過司法考試，就會在村子的入口掛上大大的橫幅，再辦個筵席大肆慶祝，如同俗語所說：「窮山溝裡出狀元。」

然而，現在的窮山溝再也出不了狀元。因爲，現在要考上名門大學，需要的是爺爺的財力、爸爸的不關心及媽媽的情報力。意思就是，爸爸賺的錢還不足以支撐補習費，所以需要個有錢的爺爺，而媽媽則要有超乎常人的情報力，四處打聽各種小道消息。換句話說，有錢的人才進得了好大學，沒錢的人在社會上難以成功立足。

日益加劇的貧富差距，怎麼努力都無法縮短的壕溝，出生在什麼家庭幾乎決定了一個人的未來。許多年輕人光想到這些，就會感覺人生絕望，認爲任何努力都是徒勞，而逐漸發展出「唉，別白費力氣啦！」的現象。

當前社會的主要氛圍，就好像是一種集體性的精神萎靡，使人精神不振、意志消沉。

在心理學中，精神萎靡指全身無力，任何事都無法進行的狀態。也就是說，不論遇到任何事，都無法靠自身能力解決問題。這個症狀比我們想像中更折磨人。舉例來說，性侵受害者或天然災害受災戶，長期處在受害時的恐懼中，覺得一切無力回天，就是所謂的精神萎靡。

某位男性患者在創業失敗後，陷入嚴重的精神萎靡狀態。他怨嘆自己無力挽回人生，是個不折不扣的失敗者。再怎麼好言相勸，他都聽不進去。每一次治療，他總是眼巴巴地瞪著我，一副「我就看妳會吐出什麼象牙來」的樣子。他生氣，氣自己拚死拚活，卻換來這種淒涼的結果。

爲了無法重新來過的往事，他處於自我絕望、自我放棄的狀態。因此諮詢的進度一直無法有所突破。某一天，我決定問他：「如果你的孩子跟你走上一樣的路，你想對他說什麼？」

總是沉默不語的他，終於開口：「我想稱讚他，他已經很努力了。」

「對兒子可以這麼寬容，爲什麼要對自己這麼殘忍？一直以來，你很努力不是嗎？現在只不過遇到一時困境，事情還不能順利解決罷了……。」

我請他開始稱讚自己，讓自己長期疲憊的身心稍作歇息。長時間的不眠不休，早已使他身心俱疲。在這樣的狀態之下，很難有新的開始，先休息充電才是明智之舉。

一直以來，他嚴以律己、吝於稱讚自己。在那段休息期間，他不斷鼓勵自己，不再稱自己是個「失敗者」。幾個月後，他突然想通，開始思考重新出發。外在環境並沒有改變，**改變的是他的心態**，讓他走出萎靡的精神，開始夢想自己的第二人生。

我最開心的是，他不再說「做了也是白做」這句話。陷入低潮的人，總不願改變自己，只想等待外在條件改變，以爲就可以重新振作。但，外在條件並不會平白改變。

也許你會問：「那可以改變什麼？不管做什麼，不都是以卵擊石、白費工夫嗎？」是的，也許我們改變不了什麼。不過重要的是，**你必須先改變自己**，至少先走出萎靡狀態，努力使自己重見天日。

路要繼續，生活要繼續。姊姊離開後，我曾以爲自己再也沒有值得開心的事了。不過幾年後，我還是重新找回笑容。問題的答案就取決於我們內心的想法。

在奧斯威辛集中營倖存下來的猶太籍心理醫師——維克多．弗蘭克（Viktor Emil Frankl）曾說，即使世界把我們擁有的一切都剝奪了，必定還有一樣他人絕對剝奪不了的東西，那就是——「選擇」。

我們可以選擇要以什麼樣的心態，度過最惡劣的情況。即使事情無力回天，我們可以選擇是頹喪地躺在床上、盯著天花板浪費時間，還是踏出去找尋剩下的可能。

外面的世界，比我們想像的擁有更多可能。有時候，我們以爲自己毫無用處，事實是我們具有能力攙扶跌倒的人、幫助迷途的人。慢慢地，你會發覺自己能做的事，逐漸回到正常軌道。

雖然，當時那位患者一直強調自己是個失敗者，但是我仍堅信他能夠走出不一樣的人生。因爲，他願意接受專業諮詢，就意味著他還沒放棄人生。

人生有時如意，有時不如意。也許會感到沮喪，但並不代表自己毫無用處。只要重新爲人生掌舵，持續努力，終究會得到好結果，甚至獲得從未料想過的完美成果。

即使無法立即看到成效，也沒必要因此失望或沮喪。就算你把自己推進無力的深淵、自暴自棄，認爲「一切都是徒勞無功」，但時間不會暫停，每個人的時間都是平等的，隨著心態的不同，十年後的人生也會有所不同。

你的人生，有屬於自己的故事嗎？

地球上，有兩種動物最討厭被命令，一種是青蛙，另一種就是人類。韓國傳統童話故事裡的青蛙，媽媽叫牠往東，牠偏偏要往西；叫牠坐下，牠偏偏要站著。人也是如此。雖然是自己想做的事，會因爲別人命令而突然不想做了，一副「我就看你拿我怎麼辦！」小時候被媽媽叫去念書，卻故意不念而把書蓋上的人，應該都能體會我在說什麼。

這是因爲每個人都想握有人生的主導權。一旦被命令就好像強行奪走了主導權，所以人們才會想從他人的統治或擺布中逃脫，彷彿這樣就能夠抬頭挺胸地說：「你看！我才不是你叫我做什麼我就做的人！我的人生自己掌握！」

自主權，是人類本能欲望中非常重要的一環。人們會保護自己的領域，阻止他人的干涉或侵入，成爲人生的主人。

從出生開始，我們最先學會的情緒就是「不想」與「不要」。小嬰兒如果吃飽了，不論你再怎麼餵奶，他不是撇開頭就是吐奶。不想睡的時候，怎樣哄都不睡；抱的姿勢如果不舒服，就放聲大哭。

教養孩子的過程，就是教育唯我獨尊、爲所欲爲的他們社會化。若受到太強勢的管教，他們的自主權將會受損。聽話才會獲得稱讚和關愛的教育方式，會使孩子們同時產生愛與憤怒的情緒，進而導致混亂。

雖然，我們從小被教育要自由成長，自己選擇學校、工作及戀愛，結婚與否也是自己決定，要過自己想過的人生。但是，眞正享有自由的人，實際上卻寥寥無幾！

父母的命令、學校的作業、社會的期望、人們認爲好的事物等，總是圍繞在我們的生命當中。而我們總是害怕執意選擇的道路，最後會被蓋上「失敗者」的烙印，因此從沒有勇氣想過自己「眞正想做的事」

在外人眼裡，我看起來可能過得還不錯，但實際上，我的內心總有滿腔怒火。

我討厭自己總是因爲父母及他人眼光，被動地活著。如果有人稍想控制我，我就會對那個「控制」極爲敏感，認爲自己不被尊重、遭人擺布。特別是那些兒時在父母高壓管教下成長的孩子，長大後會更加承受不了類似情況。

有一個患者，在諮詢時經常提起自己的媽媽和婆婆。她是豪門媳婦，不管是婆家還是娘家，都非常嚴謹。諮詢時，她句句不離「我爸」、「我媽」、「我婆婆」，不停埋怨長輩們令人傻眼的行爲，或是自己因他們而受苦的事。長篇大論的怨言，使得診療時間經常超時。

聽著她的故事，我常想她到底怎麼忍下來的？不過，讓我最擔心的卻是一年多的諮詢裡，每次談話她都不曾提到自己。她總是述說著自己怎麼被欺負，或是與家人相處上發生的問題。

「妳的人生裡，爲什麼都沒有屬於妳的故事？爲什麼都只有『他們』的故事呢？」

我請她別再寫他們的故事，應該寫一寫自己的故事了。建議她別再提自己是如何被使喚，也不要再抱怨他們干涉她的生活。我希望她可以**找出一件自己想做的事，過自己想過的人生**。

聽到這裡，她眼神中充滿訝異，突然驚覺她爲了服從、爲了配合，把最重要的「自己」給捨棄了。後來，她開始盡量避免談論他們，諮詢時試著談自己想做的事。

兩年後，好消息傳來，她開了一間迷你咖啡廳。即使「妳是我女兒、我媳婦，就要聽我的話」等操控言語並沒有停止，旁人的狀況沒有絲毫改變。不過，她的想法變了，她下定決心不再爲他們寫故事，而是提筆寫下自己的故事，主導自己的人生。

她不再努力理解父母的霸道，與公婆的不合理要求。該拒絕的拒絕、該忽略的忽略、該笑的時候笑。她不再浪費精力在他們身上，取而代之的是，開一間咖啡廳、投資自己未來。

我總告訴那些在他人支配擺布下，無法展開自我人生的人：「最重要的遙控器，在你心裡。」你不須迎合他們，這本來就是你應該做的事，只是順便幫他們而已。換個想法，即使非自我意願去進行連自己都厭惡的事，也不再是無可奈何，而是一件「我要做的事」、「想快點做完的事」，我才是主導整件事的主人翁。

這世上有許多我們不想做，但還是得做的事。如果上班既快樂又開心，那可能就要花錢買門票了吧？但是，我們不僅沒買門票還拿薪水，相對的代價就是必須做討厭的事。

千萬不要有「要不是爲了家人，我才不想工作」的想法，這不但不會讓你成爲事情的主人翁，還會讓你淪落爲被事情壓著跑的受害者。

下定決心告訴自己：「我是爲自己而做」，快速解決事情，剩下的時間就可以和自己想見的人約會、去一趟夢寐以求的旅行，享受美好的業餘生活。

人際關係上也是如此。遇到不想見卻又無法避而不見的人，在必須配合對方的情況下，任誰都會感到委屈和不滿。這種時候應該跟自己說：「我不是爲了他而笑，而是爲了讓事情圓滿。」不論任何情況下，切記，你就是自己的主人翁。

曾經有一個患者，因爲無法坦然面對主管的玩笑而苦惱不已。我對他說：「試著假笑吧！你花了太多人生精力在不重要的人身上了。因爲上司而生氣、看到主管就不爽、看著迎合主管的人更是一肚子火，把自己的精力浪費在這上面，不覺得很可惜嗎？這應該不是你想要的人生吧？」

我當然知道迎合主管不像話的玩笑，不是一件簡單的事；也知道被羞辱的感覺不是這麼容易可以忽視。但是，憎恨只會讓事情更加複雜。即使問題來自於主

栽種你內心的花朵，任其盛開。

管，也不需要太執著尋找問題主因，試著將焦點放在如何解決吧！

只有自己才能解決人生中遇到的委屈，父母、家人、另一半，都無法替你承擔。憎恨他人之前要先認清，這些問題只有「我」才能夠解決。如此一來，才不會替別人寫故事，走出自己的人生。

不想做與想做的事；不想見與想一輩子在一起的人，這當中會發生無數的摩擦與故事。以自己爲中心，面對並解決問題，這才是眞正的人生，不是嗎？

別站在原地，等著對方理解你

有時候，他根本是我的仇人，
然而，翻遍整個地球，
卻好像找不到第二個男人，
如此疼愛我生下的孩子。
今天，我又下廚了。
猛然一看，這個男人，
是全世界跟我一起吃最多飯的男人；
也是跟我一起吵過最多架的男人。

——摘錄韓國詩人文貞姬《老公》

讀著這首詩，才驚覺自己已經結婚三十年了。說得眞好，老公確實是跟我一起吃過最多飯，也跟我吵過最多架的男人了。漫長歲月中，一起吃過這麼多頓飯，爲何還是每天吵個不停呢？

夫妻關係最大的悲劇，莫過於彼此不溝通。戀愛時，我們總不厭其煩地問對方喜歡什麼咖啡？喜歡什麼穿衣風格？討厭什麼地方？討厭什麼電影？任何雞毛蒜皮的小事，都能打破砂鍋問到底。每天不知哪來這麼多話，「你吃飯了嗎？跟誰一起吃？吃了什麼？好吃嗎？」一問一答間，不知不覺講到手機沒電。

然而，結婚不過一年，這些往事好像沒發生過。我們開始對彼此漠不關心，因爲我們都以爲自己十分了解對方。

我常以爲另一半很了解我，即使不喜形於色，他也知道我內心其實住著脆弱的少女。雖然外表理性冷靜，但是內心非常敏感。一起生活了那麼久，我理所當然地認爲他應該知道我的一切。

但事實上，他並不了解我。他不知道我的內心經常默默吟詠詩句；也不知道婚後成爲職業婦女的我其實非常辛苦，只是沒有表露出來罷了。相反地，他甚至誤以爲我原本就是個恢宏大度、落落大方的女性。

這部分我也必須檢討。一個人服侍公婆和小叔，還要帶兩個孩子，生活如此辛苦，我卻強裝泰然自若，從沒想過他並不知道我的負擔，還因此怨恨不願出手幫忙的丈夫。

同樣地，我也不了解他。在我眼裡只認為他是個工作狂，為了成功，將犧牲家庭生活視為理所當然。仔細探究後才發現他很孤獨、很受挫。被生活壓得喘不過氣的我們，回到家卻沒人願意先開口分享，只認為對方應該完全理解我的苦衷與心境才對。

最後得到的結果便是，老公開始積累不滿，我也有我的不快，最後彼此傷害。

應該很多人會感到訝異，身為精神科醫師的我，竟然也會有這種問題吧？我總是耐心聆聽病人傾訴，在家裡的我應該也是這種角色吧。但慚愧的是，我可以聽別人說故事，但我卻沒有耐心聽他的生活日常，只希望他能停下來聽我說；而他同樣希望我能先傾聽他的一切。

我們彼此都不願意聽對方的分享，卻單方面希望對方了解自己。

有個有趣的測驗，分別找了結婚兩週、兩個月、兩年及二十年的夫妻，測試他們對彼此了解的程度。

測驗結果，不是二十年的老夫老妻最了解彼此，反而是結婚兩週的夫妻較能深入了解對方。因爲他們會不斷表示關心：「今天上班還好嗎？」、「你今天做了什麼？爲什麼呢？」透過一問一答，更加深彼此的認知。

但結婚二十年的夫妻，雙方早已漠不關心。「你看，我早知道他會這樣！」、「這老女人又在囉哩囉嗦了！」兩個人逐漸變得陌生。

人很難改變，可是隨著年紀增長、歲月流逝，還是會有變化，像是認識的人變了、看人的眼光變了、看世界的角度也變了等。再怎麼不變，至少吃東西的口味會變、視力會下滑、肚子也會變大、體力不如從前。因此，五年前另一半的習慣與想法，跟現在的另一半肯定不同。我相信所有人都懂這個道理，只是我們都給彼此造成太多傷害，連想努力改善關係的心也不自覺地停了下來。

某一天，我耐著性子默默聽完老公的分享。幾次之後，我突然發現他的話變多了，開始會提自己的事情。更讓人驚訝的是，他又重新開始關心我的日常生活，像是「妳吃飯了嗎？今天過得還好嗎？身體還行嗎？」

後來，我們沉浸於了解彼此的樂趣中，分享自己的改變、每天的日常，還有漫長歲月中從沒提過的童年陰影。常有說不完的話題，這時，我們才理解到**「他**

愛我就會了解我，我不說他也會知道」的想法眞是大錯特錯。

不管再怎麼相愛，如果不願訴說，就無法相互理解。感情必須經常溝通，想說的話別留在心裡，說出來讓對方知道，才能了解彼此。千萬別誤以爲對方非常了解你，老實說，我們到死之前或許都不了解自己了，又怎麼能期望對方了解你呢？

結婚三十年後，我才領悟到這個道理，希望你別跟我犯下同樣的錯誤。「相互了解」才是婚姻長跑的祕訣。最後，我要將這個章節獻給委託我當證婚人的後輩，文中的字字句句都是我的祝福。

獻給想轉彎、拓展人生第二春的人們

有一陣子，我收到不少讀者的來信。其中一位是中堅企業的組長，年約四十歲。他的公司已在去年優退不少員工，今年傳聞再優退一批人。

這次，他好像逃不掉了，但他對離開公司後的生活毫無頭緒。打從年輕就不斷努力工作的他，被公司以財政困難爲由資遣，心裡滿是埋怨。他曾考慮開餐廳，還因此參加廚師證照培訓班課程。不過，他卻表明自己沒有自信。各種煩惱與憂心讓他開始失眠，於是寫信向我求助。

看著信上的字句，就足以感受他沉重的心情。像我們四、五十歲的這代人，仍相信終身職場的神話，爲了公司盡心盡力，將自己的熱情與精力投注在工作上。他們沒想過自己會離開公司，也沒準備好面對離開後的生活。

他害怕自己失業後，成爲無能的家長與父親，在家裡失去立足之地；在社會上，變成抬不起頭的人生失敗者。他只能靠著手上寥寥無幾的退休金，支撐家中生計與孩子的教育費用。更讓他不安的是，他除了處理公司業務的能力外，沒有其他特殊才能。

想創業但資金不夠，創了業也無法保證成功；再加上近期過於操勞，健康狀態還亮起紅燈。身心俱疲的狀態下，他開始對於新嘗試感到畏懼。別說成功，他連維持現狀的自信都蕩然無存。而且身邊聽到的盡是失敗的例子，但爲了生存，他必須開拓人生第二春。

這次回信，我格外小心。因爲我知道不著邊際的安慰與充滿希望的話語，將對他造成傷害。我把當時回信的內容重新做了整理，歸納出以下幾個重點。

人生就像馬拉松，不到最後不知道

失業的人都覺得自己是失敗者，覺得丟臉、無顏見人。任何一點小事都可能使你理智斷線。不過，你並不是失敗者，**就像馬拉松要跑到終點才算完賽，人生也必須走到終點才知道結果**！

這不代表你能力不足，世界上有許多事，不是努力就會照著計畫走。意外總會不斷上演，面對日異月殊的世界，我們無從預測、也無法防備。

人們在遇到重大難關時，總會想把問題縮小，假裝毫不在意。但千萬別獨自承受，企圖自己解決。因爲，過程中可能讓心中積累的憤怒與挫折感瞬間潰堤，進而引起憂鬱症等各種問題。

家人，永遠和你同一陣線

不久前，韓國首爾發生一件令人髮指卻又傷感的案件，一位父親殺死了自己的妻女。加害人隱瞞家人失業長達一年，在外租了一間考試院（譯按：韓國特殊租房型態，原指爲了準備考試而暫時居住的租屋。房間非常狹窄，只有一張單人床與書桌）作爲據點，每天穿上西裝，假裝出門上班。

他以名下的公寓進行擔保，向銀行貸款了五億韓元（約新臺幣一千四百萬），每個月給家裡四百萬韓元（約新臺幣十一萬元）的生活費，多餘的錢作爲投資。沒想到投資失利，損失將近三億韓元（約新臺幣八百五十萬），爲此陷入絕望，痛下決心殺死家人並自殺。

因爲無法告訴家人自己失業的事實，在走投無路下痛徹心腑地犯下此案件。即使如此，殺人的罪行依然無法被視爲合理正當。

我經常詢問那些沒有勇氣說出眞相的人：「如果有一天，你的父親隱瞞他失業，獨自承受這莫大的壓力呢？你被蒙在鼓裡，一如往常地要賴要零用錢，抱怨他不出錢讓你留學，這是你想要的嗎？」

所謂家人，就是能同甘共苦的人，但你卻在遇到困難時選擇隱瞞，你的家人只會覺得被你背叛。

明明能夠一起面對、一起解決，卻被你親手阻擋，把「家人」變成一個毫無幫助的負擔。

遇到問題不要隱瞞，誠實地告訴家人你現在的處境吧！一起討論如何面對困難，即使要拉緊褲帶、縮衣節食過日子，也是一家人要一起面對才對呀！

坦然說出自己的困境

如果你正處於困境，就更應該告訴他人你的狀況，因為——坦白才會得到相關的就職情報。

舉例來說，跟朋友見面，如果你裝作若無其事，那麼即使有職缺，他們也不會想要告訴你。誰會跟一個看起來上班狀況還不錯的人提出職缺資訊呢？就如同生病了告知他人，才會從周遭獲得一些治療小偏方。因此，為了讓朋友幫你，有困難就老實說吧！

忘記過去，在黑暗中等待光點

突然走進黑暗，我們會看不見任何東西，但是只要一會兒，等瞳孔放大，我們會漸漸看見周遭的事物。人生也是如此。遇到危機時，放慢自己的步調，仔細傾聽危機帶來的警訊，就像是在一片漆黑的房裡，如果急於邁出步伐，就會被前方的障礙物絆倒。

著急的心會使我們失去判斷能力。不要急，做好足夠的探討與研究，再重新開始另一項事業吧！

暫時拋開面子，忘記過往的社會地位。「你知道我以前年薪多少嗎？」、「你知道我以前是做什麼的人嗎？」……愈常說這種話，只會愈讓你自慚形穢。做好「砍掉重練」的覺悟，告訴自己這是全新的開始。

「我怎麼可能做這種事？」這樣想，只會讓你排除所有可能性，最後什麼也做不了。即使是從沒嘗試過的事，也要相信自己一定能做到。

現在的你，不是在逃避問題，而是在克服問題。人生的勝利不在於競爭，而是在於充實與否。家人朋友有多愛你，你是一個被需要的存在。讓孩子知道你不畏懼任何困境、擁抱希望。這樣的人生態度，才是留給你的孩子最好、最珍貴的遺產。

界線內外的信任與疑心

世上最危險又最可怕的就是人類，往往僅因爲膚色、宗教不同，就草菅人命、屠殺數百萬人；開著飛機，衝向城市中心大樓，一個早上就結束數千人生命。或只因爲樓間噪音就動了殺戒；爲了拿到遺產或抵押金，在朋友或家人的背上送上幾刀。

因爲不自足，而總是覬覦他人，利慾薰心；無視他人痛苦、自私自利，只要不發生在自己身上都無所謂；擁有高智商，卻用來騙取他人，破壞地球……。活得愈久，就愈有機會看見人性險惡，人到中年忍不住說著：「世上最可怕的就是人了。」

爲了保護自己及家人，分秒都不能鬆懈，於是房與房之間的圍牆愈築愈高、緊鎖著窗戶，都市裡的每個人都像生活在孤島。即使如此，人們還是不安，他們不斷對孩子千叮萬囑，世上有很多危險可怕的事物，千萬別相信任何人。

如果不相信他人，被背叛的機率當然會減少，但是你必須不斷處於警戒狀態，活在懷疑與不安中；但如果相信他人，世界會變得美好，你不需要處處提防，你會選擇哪一種？

遺憾的是，大多數人都選擇前者，與其被騙，寧可活在懷疑與不安中。

「醫生，妳相信人嗎？」

是的，我相信人。相信使我的心情得到平靜，不需要處處懷疑、百般警惕，也不需戰戰兢兢。當然，如果因此而遭受背叛，會帶來極痛的內心創傷。但，爲了不想受傷就懷疑他人，等於把幸福一起拒於門外。

我不想因爲還沒發生的事，就讓今天的幸福消失。

舉例來說，去羅馬旅行時，人們會告訴你，小偷很多要小心包包。走在路上看見每一個人，你都開始懷疑他是不是小偷？會不會偷走我的錢包？處處提防或許會讓你保住錢包，卻讓旅行失味，那麼留下來的錢包又有什麼意義呢？

抱著小心謹慎的態度，即使錢包掉了，也是命中注定的事，這樣想不是更好嗎；或者旅行時隨身攜帶夠用的錢即可。

不過，我們也不能毫無防備地相信他人。重要的是，要培養出能夠分辨這個人可不可信、信任程度有多少的能力。但是，一個人若下定決心要騙你，實在防不勝防。

況且人性容易動搖、容易被誘惑，利益薰心的人分不清黑白，所以，世上本來就沒有百分之百可以信任的人。爲了彼此保護，防止欲望所產生的衝突，我們需要一種「裝置」，那就是人際關係中的「界線」

與每個人相處前，我都會先設定好界線。在關係形成的同時，爲了保護它，我會設下一條不能隨意跨越的線。比方說，我不跟朋友有金錢往來，如果朋友有金錢上的困難，我會借他一筆「不還也行」的錢。即使往後要不回來，也不會因此傷心，不至於讓友情產生裂痕。

如果你急著用錢，還把錢借給他，萬一對方還不了錢，你會開始討厭他，即使他有萬般苦衷，仍然很難諒解。假若你認爲友情就是要爲彼此赴湯蹈火，那麼你生氣的同時又會自責，漸漸地友情會變得不自在，然後變得疏遠。爲了防患未然，「設定界線」是非常重要的。

就像愛會讓你想改變對方的個性。以愛之名，希望對方做到他不能做到的事。強求不幽默的人變得幽默，也不可能一夕成功。既然如此，不如接受並認可對方。**設定界線，帶著雙方的認同與尊重才是感情的長久之計**。

雖說摯友間不該存有祕密，但也沒必要把自己不想說的祕密公諸於世。每個人為了保護自己，總有不想說的事，不需要為了證明感情，便全盤托出。

父母與子女的關係亦是如此。就像「久病無孝子」這句話，即使是父母，也要感謝照顧自己的兒女，盡量不要讓他們為自己費心勞力；兒女也不該把父母的付出視為理所當然。當然，父母不該以生病為藉口，任意使喚兒女。

當利益衝突時，事先設下的界線，不但可以保護雙方，還能穩定這段關係。人為了生存，為了建立信任，「釐清界線」是最需要、也最基本觀念吧！

有人願意傾聽，是種幸運

在國立精神病院任職時，有個患者總是午休時間打電話來。很巧的是，只要我起身準備吃飯休息，電話就會叮鈴鈴響起。

「金醫師，我今天又跟妹妹吵架了……她每次都無視我，我眞的很受傷……」

「是嗎？那妳一定很難過，該怎麼辦才好？」

「身爲姊姊，我只能多忍讓她一點……。」

「說得也是，請加油！」

明明是自問自答的戲碼，我只是聽她說說話、安慰她，並沒多說什麼，她卻充滿了感激、愉悅地掛上電話。因為她需要一個聆聽、附和的人，如果我在電話中告訴她：「身為姊姊，妳應該讓讓妹妹。」她或許會勃然大怒吧？因為她想要的只是聽她說話的人，而不是正確答案。更何況對於答案，她自己再清楚不過。

每個人都需要願意聆聽自己的人。有人願意真摯地傾聽，我們才能感覺自己存在的意義，覺得自己和大家一樣，進而感到安心。

即使對方不能給與建設性的建議，但傾訴的過程中，我們還是可以釐清自己的思緒，找出解決方法。冷酷的世界中，遇到能夠理解、認同自己的人，就好比黑暗中的一道光線。只要有人願意聽我說話、為我點頭、緊握我的雙手，就算問題不能解決，也能重新找回勇氣。

現代社會中，人與人之間失去了互信。我們擔心說出真心話，反而會被對方從背後捅一刀。這樣的社會氛圍下，人們怎麼能坦承自己？再者，即使做好心理準備，頓時也可能找不到願意聆聽的人。

現今是強調表現自我的年代，人們急於表達自己想法，獲得他人認可。如果不懂表達，就好像會被社會排擠、被邊緣化，導致每個人都各說各話，而默默聆聽者則成為他人眼中的笨蛋。

那麼，到底有誰能夠聽我們說話呢？為什麼我們不相信他人，卻渴求他人的傾聽？日本著名作家東野圭吾所著的《解憂雜貨店》，就探討過這個議題。

某一天深夜，三個年輕小偷，敦也、翔太、幸平闖入一間空屋行竊，但一無所獲。雪上加霜的是，逃跑途中車子卻故障，束手無策下，他們只好跑進已經廢棄三十幾年的浪矢雜貨店中躲藏。

他們三人是從幼稚園到高中都形影不離的死黨，一起搶劫、偷竊，甚至連自動販賣機都不放過。高中畢業後，他們決定不再做壞事，分別去了家電銷售中心、零件工廠、汽車修理廠等地工作。然而，公司不是倒閉就是被解雇，他們又重新變回三個無業遊民。

長年的默契，雖然誰都沒開口，但他們又重新開始洗劫空屋，因緣際會逃到了浪矢雜貨店。

躲藏時，突如其來寄來一封給店主爺爺的信。一探究竟下，才發現這裡以前是為人們解憂的地方。只要把煩惱寫在信上、投進鐵捲門裡，隔天店主爺爺就會把回信放在房子後頭的牛奶箱內。

自從店主爺爺過世，已經廢棄三十年的店，好巧不巧讓三個小偷收到了一封

有誰願意傾聽你？

化名爲「月亮兔」的女性所寄來的煩惱諮詢信。

然而，敦也對著想回信的幸平和翔太直言：「你們要怎麼幫她？別笑死人了，像我們這種人能做什麼？沒錢、沒學歷、沒背景，只能闖空屋！自己的未來都沒著落，還要幫別人解憂？像話嗎？」

幸平卻有不同的看法，「只要幾句話就夠了，有人願意聽自己說話不就是一件值得慶幸的事嗎？這個人一定是無處發洩才這麼苦惱，就算我們給不了建議，但哪怕只是一句『辛苦了』，對她來說都已足夠。就算是微不足道的答案，只要回信，她就會得到安慰。」

根據書中描述，小偷原被設定爲「從不替別人著想、不在乎他人的苦悶與煩惱，甚至沒讀過什麼書」的人。不過他們三人，卻在用心傾聽的同時，意外地收到他人對自己的感謝。

精神治療常說：「沒有回答就是最好的回答。」（No comment is better than any comment.）**默默聆聽，比任何言語都更具有力量**。小說中的浪矢爺爺曾說：「人們心中都已經有了答案。」

傾訴並不是爲了找到解答，我們只是在尋找一個願意靜靜聆聽，爲我們點頭、加油的人，哪怕對方是個小偷也沒關係。

但是，「聆聽」不是一件簡單的事，需要耗費很多精力。精神科醫師總會說，一小時只幫一個病人諮詢，比一小時看十個病人還累。如果現在有人願意靜靜聽你說話，那麼你非常幸運。但是，比起感激他的存在，不如讓自己也成爲他人的聽眾吧！

小偷幸平在替別人諮詢時，突然感嘆：「活到現在，今晚我才第一次體會到幫助別人的感覺。沒想到我這種笨蛋，也能夠幫助別人。」

「聆聽」會讓自己成爲有價值的存在，不親身體會是不會懂的。

Chapter

3

人生不是作業。每一天，我都要活得更有趣的原因

我懊悔自己把一切變成了一種作業，
總是不斷追尋，而沒有好好享受人生。
當有人問我：「放棄人生的快樂，妳得到了什麼？」
我完全啞口無言。用罪惡感與責任感填滿人生，真的太可惜了！

人生，不是一份追求滿分的作業

好久以前，有一個奶奶特地從鄉下來看診，卻在診所附近徘徊了好久，才小心翼翼地問我：「請問院長在嗎？」

嗯？我就是院長啊？怎麼會問這種問題？深入了解後才知道，就算穿著白袍，我在她的眼裡也稱不上醫生。在男尊女卑思想中成長的奶奶，根本不相信有女醫生的存在。

但世界變了，在醫學大學裡，女學生比例超過三〇%；醫院裡的女醫生不在少數，更享有與男醫生同等的權利，多美好啊！

儘管如此，還是有學妹跑來跟我說，她很擔心生孩子的事。看診、寫論文，工作堆積成山，哪有時間養兒育女。她不但沒自信照顧好孩子，更擔心疏忽了工作無法升職，甚至被淘汰。我有些同情這位覺得生了孩子就得放棄一切的學妹，不過老實說，職場媽媽眞的不好當。

在醫院實習時，我與大學同學結了婚，不久後就意外懷孕。醫院裡的同仁都忙得不可開交，我也不可能因爲懷孕，就要求醫院減少我的工作量。某一天，輪到我值班外科，突然間重患室送進三位患者，需要不斷做心肺復甦。

患者命在旦夕，前輩又忙得焦頭爛額，我無法坐視不管，於是急忙按著甦醒球（手動式人工呼吸器），另一方面趕緊做心臟按摩。突然間，我感覺肚子揪成一團，只能內心祈禱孩子安然無事，繼續專注於手邊的工作。

最後，雖然患者順利度過了危險期，但是當天晚上我的子宮大量出血，孩子就這樣流產了。這是第一次，我非常後悔自己當了醫生。如果我不勉強自己去做心肺復甦，孩子也許就不會流掉。

保護不了肚裡的孩子，一股強烈的罪惡感襲捲而來，我犯了不可赦免的罪。失去孩子的衝擊，讓我痛苦了好長一段時間。

所幸，時間就是最好的解藥。不知不覺間，我不但生了兩個孩子，照顧孩子的同時，繼續擔任醫生。工作、家事、孩子、公婆，日復一日，不知不覺也走到了現在。在沒人幫忙的情況下，要一次扮演好四個角色，實在不容易。我已盡了全力。

不管在醫院還是家裡，沒有人能完全理解我的處境。身爲母親，無法全心照顧孩子的愧疚與罪惡感，讓我有苦難言。照顧孩子、上班、做家事，每一件事都變得跟作業一樣討厭。

每天早晨起床，我總會深深地嘆口氣，想著今天要怎麼努力撐下去。我失去了笑容，產生被害意識，覺得「爲什麼所有事都要我來承擔？」我恨我的丈夫、恨我的家人、恨這個不公平的世界。

現在想想，如果當初沒熬過來，就沒有現在的我。不過，**我懊悔自己充滿太多義務心與責任感，把一切變成了一種作業**。

而我人生中最後悔的事，就是沒有好好享受人生。我不但沒有享受教育孩子的喜悅，還深怕自己成爲自私又不及格的媽媽，因此經常訓斥孩子、責備自己。我也沒有享受與生俱來的天賦，害怕在工作、學習上輸給別人，所以不斷追尋。

如果我願意享受人生，應該分配好時間，區分自己能做與不能做的事，並找

忙碌中，我們是否找到享受人生的方法了？

家人一同分擔，但我終究沒做到；如果我願意享受人生，應該在準備晚餐前放慢腳步，與孩子交流、擁抱他們，可是我沒有做到；如果我願意享受人生，應該在上班途中多看一眼天空，以更廣闊的心情迎接我的病患，然而我總是沒做到。

更難堪的是，當有人問我：「放棄人生的快樂，妳得到了什麼？」

我完全啞口無言。當年的罪惡感與被害意識，不但扼殺了我的快樂，還讓我疲憊、使我憤怒。如果當時我能夠找到享受人生的方法，讓快樂取代罪惡感與埋怨，或許就不會像現在一樣後悔了吧？

一天不幫孩子洗澡、不陪他們睡覺，沒什麼大不了；事情太多，偶爾沒辦法幫公婆準備飯菜、叫另一半幫忙照顧兒女，也沒什麼大不了；多餘的時間拿來跟朋友聚會聊天，同樣沒有什麼大不了的。難道我們忙到連看場電影、聽音樂的時間都擠不出來嗎？

只要有心，每個人都可以享受人生的喜悅。**什麼事都不想做，那就什麼都別做吧。享受人生的每一個瞬間，少說「我應該做……」；多說「我想做……」**。天才贏不過努力的人；努力的人贏不過享受的人。

用罪惡感與責任感填滿人生，真的太可惜了！

夢想不局限於年紀，挑戰不專屬於任何人

一個來自紐西蘭鄉村，年近七十的老先生，夢想參加美國猶他州邦納維爾（Bonneville）舉辦的世界極速大賽，盡情奔馳。

他熱愛跟自己一樣年邁的一九二〇年產古董摩托車，不過它最高時速僅有九十公里。這臺老式摩托車「印地安」已經絕版，甚至應該被賣到古董店，但老先生爲了實現夢想，二十五年來日以繼夜地改造它。

他曾對住在隔壁的小男孩說：「人生幾十年歲月加起來，都比不上疾速奔馳五分鐘。」

曾因爲狹心症昏倒的他，知道時日所剩不多，更是加緊腳步著手準備實踐自

己的夢想。看著擔心不已的小男孩，老先生淡淡地說：「想跑的時候不跑，就沒機會跑了。**人不追隨夢想，那跟植物人有什麼兩樣？**」

爲了節省經費，老先生在船上擔任廚師以支付船資，睡在車子的後座，沿途受到不少人幫忙。他一步一步、緩緩地朝邦納維爾前進。

抵達後，老先生卻因爲沒有事先報名，沒辦法參與比賽。不過，這位「繞了地球半圈」的老先生的執著與狂熱，終究感動了他們，成功參加比賽，在邦納維爾遼闊的土地上實現自己的夢想。在一千西西的組別中，創下時速三百二十五公里的極速新紀錄。

以上是二〇〇六年上映的《超速先生》（*The World's Fastest Indian*）故事大綱。最驚人的是，這部電影改編於眞實故事。

電影主角柏特．芒羅（Burt Munro）創下的紀錄，至今仍是個神話。他讓我們知道，實現夢想不局限於年紀，夢想與挑戰也不專屬於年輕人。騎著「印地安」在邦納維爾的平原奔馳，這個夢想對他人來說也許什麼都不是，但對他的人生而言，卻充滿了實現夢想的悸動。

我羨慕懷抱夢想的他，爲此內心沸騰。老先生說，想做的時候沒做，要做的時候就沒機會了。這也讓我重新審視自己，是不是拿現實當藉口，拖延或放棄了自己的夢想。

青少年時期，正是探索自我和找尋人生方向的時期。「我是誰？」、「我的未來是什麼？」爲了找尋答案而徬徨。年輕人總是不斷做夢，卻又在現實的高牆前憤怒與臣服，不斷反覆嘗試。

然而，問時下的年輕人：「你的夢想是什麼？」他們卻會毫不猶豫地說：「我要先進到一間好大學，畢業後再找一份好工作。」也許他們對未來的不確定感到極度不安，所以最喜歡的工作就是穩定的「公務員」；但是他們卻忘記思考，成爲公務員後要過怎麼樣的人生，他們的夢想僅限於找到好工作而已。

找到好工作不是一件壞事，但是除了滿足外在條件，我們必須聆聽自己內心的聲音，否則只會活在他人的目光與評價中。

即使外在光鮮亮麗，但只爲滿足他人的期望而活，人生將會倍感無力，剩下空虛與寂寞相隨。我心疼這些應該做夢的年輕人，在冷酷無情的社會面前，因現實而挫敗、失望，最後只能放棄理想。

小時候的我有很多想做的事，總是爲了挑出最想做的事而煩惱不已。看似有趣的世界，挑起我想嘗試每件事的欲望。改來改去、變來變去的夢想，才造就今天的我。

想用天文望遠鏡窺探宇宙的夢想，讓我愛上夜空；想成為有用之人的夢想，讓我成為實習醫生，現在更是一個教導學生的老師；想用畫筆描繪世界的夢想，讓我現在的興趣是仰賴智慧型手機，一筆一畫地描繪，再傳訊息跟朋友分享。夢，充實我的人生。源源不絕的好奇心，讓我用心觀察世界，再以無數的新發現，裝飾我的人生。

所以，我從未停止做夢，我的人生也因此燦爛。

做任何事都覺得沒意義的你，是不是已經忘記怎麼做夢？是不是沒有一定要實踐的夢想，人生才因此變得無趣？

千萬不要放棄無法實現的夢想，試著實踐它吧！

夢想讓大腦專注，部分的腦細胞還會因此活化，變得更加發達。如此一來，即使失敗也會有重新開始的勇氣。大腦會克服所有的挫折感與羞恥心，專心於解決問題。「實現夢想」以科學角度來看頗有道理，「渴望」就會實現並不是迷信。

不管是什麼理由都別放棄夢想，別放棄內心的悸動。擁抱夢想，生活會變得有趣，成爲幸福的原動力，讓我們感到自己眞正的活著。

即使夢想不能立刻實現，那又如何？柏特．芒羅直到六十八歲都在做夢，漫長的歲月中，從未停止過心中那份激情。夢想不能實現，那又如何？擁有夢想，比漫無目的的人生更加快樂有趣。像柏特．芒羅一樣、像我一樣，心懷夢想地走下去吧！

自由，就是不怕「受傷」的勇氣

智慧型手機有一種微妙的「癮」。以前每天碎念兒子，要他別老跟智慧型手機形影不離。不過，現在的我起床第一件事，就是看手機。深怕錯過一封簡訊或一通電話，所以手機總是放在視線範圍內。

手機不過出現短短幾年，以前沒有它的年代生活也毫無障礙，怎麼轉眼間就變成這樣了？

每當忘記帶手機，心情煩躁鬱悶時，我就會再次感嘆它驚人的「毒癮」。在捷運上放眼望去，每個人都緊盯著手機，要找到抬頭的人還眞不容易。十個裡有九個人，彷彿約好似地埋頭苦幹，手指滑個不停，這幅景象還眞有點可怕。人們

不再看著彼此，對周遭的人事物一無所知，也不想知道。

不久前我參加一個餐會，與會的人都是四十歲以上的專業人士。我們彆扭地握手、交換名片，坐下後每個人都很有默契地掏出手機並專注其中。雖然坐在同一桌，卻各自翱翔在自己的世界。

家族聚餐中也可以看見不斷傳著LINE的孩子及媽媽，和看不下去在一旁嘮叨的爸爸。可笑的是，明明在飯桌上熱線你和我，然而眞實見面卻又無話可說，再繼續跟他人熱線。見面、握手、感受彼此體溫，好像變成一種詭譎的行爲。

比起直接接觸，現代人更喜歡透過「智慧型手機」交流。它可以同時跟多人聊天，只要打開視窗，讀訊息、回訊息，還有什麼比這個更方便的。不僅如此，還能帶給我們「隸屬於某個團體」的安全感，看到對方立即回覆，就感覺自己並不孤獨。

對寂寞的現代人而言，智慧型手機成爲個人與世界連結的主要媒介，也是讓我們能夠即刻確認自己並不孤獨的通訊工具。

明明我們能夠隨時隨地和他人聯繫，但爲何人們還是感到孤獨？覺得自己不被理解？口裡喊著孤單，卻又疲於和他人見面。原因究竟是什麼……？

現代社會是講究速度與傳播的時代，地球另一頭發生的事、流行的東西，不用幾秒就能傳到另一邊。人們不停移動腳步，即使見面也是稍縱即逝。我們沒有太長的時間認識彼此，所以如何讓對方在短時間內留下深刻印象，變成一項重要的課題。

此外，現代的孩子從小就被送到幼稚園，忙碌的父母把養育孩子的責任交到他人手上，使得他們更加關注孩子及他人的互動，孩子因此養成非常在意別人的眼光。

然而，愈在意他人的目光，人生就愈不平穩。我們會質疑內心的感受、想法，對他人的視線過於敏感，認爲自己應該順應他人要求。導致我們極度需要他人，卻因害怕評價，憎恨他人甚至遠離他人，更何況還要相信這些隨時可能背叛自己的人。

結果人們互相猜忌，覺得連另一半都有可能背叛自己，隨時隨地都在爲分手打強心針；說服自己，他人的離開不會對人生有何影響。沒有人願意深層交流，我們只重視當下的形象及感受。因此，很多年輕人外表光鮮，實質上寂寞空虛不已。受傷的時候沒人在一旁關心、沒人包紮傷口，讓他們更加空洞、更加害怕受傷。爲了不想受傷而避免深交，卻反而讓傷口更痛。

人生，沒有不受傷的。面對疼痛，等待傷口痊癒，會讓我們變得更加勇敢。等待傷口磨出繭來，這些疼痛就會變得微不足道；繭的保護，會帶來力量，讓我們能夠抵抗更大的傷害。

費盡心思避免傷害，只會讓表皮軟弱不堪，即使只是小擦傷，都有可能因此痛不欲生。傷口愈是脆弱，人生就愈是顚簸。

生命中，有時會平步青雲，有時也不免要踏上荊棘之路。這一切都不是傷口，只是每個人都要經歷的人生旅程罷了。害怕受傷的人，總把一切當作傷害，想盡辦法躲藏。然而，青雲只要踩上就能一躍而過，荊棘之路同樣只須小心愼行。

舉例來說，有些人容易因主管的指責而傷心難過，但其實它只不過是個小失誤而已。被罵只要改正就好，因爲立場的不同，摩擦與爭執也是再正常不過的事。把每件小事都視爲傷害，那你的人生將會布滿難關。別輕易把對方比喻成加害者，而把自己當成受害者。

用點力氣就可以解決的事，何必因爲糾結的內心，把它變成人生難題。何必爲了小摩擦而疼痛不已？又何必爲此感到孤獨？與其浪費時間，不如把這些時間拿來做其他事，不是更好嗎！

「受傷」源於過度期望，當事情不符合期望，我們就會覺得受傷。不過，先想想看，你的期望是不是合乎情理？例如，你傳訊息對方沒有立即回覆，你就開始傷心難過，演起內心小劇場。

在沖澡時，偶爾會意外發現身上的小擦傷。看著眼前的傷口，我們只會想「在哪受傷的？」不過，疑惑就僅止於當下而已。隨著時間一久，傷口會消失，我們會遺忘。

現代人口中的「傷口」就如同這些小擦傷。**別在小事上打轉，把人生弄得錯綜複雜**。學會分辨什麼是眞的「傷口」、什麼不是，這才是從中走出、獲得自由人生的第一步。

堅持自我、不受傷害動搖的最強防禦方法

「我快被婆婆搞瘋了，怎麼辦？」

「我的媳婦竟對我做這種事，像我這麼好的婆婆，她到哪找？」

每當讀者問起這些問題，我總苦惱不已，因爲我自己也有解決不了的婆媳問題呀。

我的婆婆，是連男女同席吃飯都無法接受的傳統婦女。她爲白手起家的兒子深感驕傲。然而，應該在兒子身後扶持的媳婦，竟然在外頭工作，對她來說簡直不像話。

老實說，光憑一個人的薪水，根本無法支撐整個家庭，所以我選擇工作，卻

不被諒解。每天要趕回家準備晚餐，若稍有延遲，就得小心翼翼、如履薄冰。忍不住為自己辯解時，婆婆就會說：「我看起來連這種事都不懂嗎？」、「妳是懷疑我連孩子都顧不好嗎？」在她眼裡，我是位「自以為是的媳婦」，任何事都看不順眼。

某一天，我帶女兒去剪頭髮，回到家婆婆立刻勃然大怒，因為我剪掉了她幫孫女綁辮子的樂趣。接下來整整四天，她不願意吃飯，我只能為自己的失誤不斷道歉。滿腔怒氣，讓我不斷想著自己到底做錯了什麼？要被她百般折騰。我討厭她，甚至為此失眠，每天到凌晨三、四點才得以入眠。

我驚覺這樣下去不行，為了長遠的人生路，我開始尋找解決方法。經歷無數次的嘗試與失敗，我找出幾個能夠擺脫他人的控制，堅持自我的方法。

「被動」有時是最積極的方法

這是解決婆媳問題的首要戰略。

一開始，每當婆婆說話惹惱我或做出難以理解的舉動時，我總會非常生氣，搞不懂她到底想怎樣。我甚至花心思分析問題的癥結點，只爲了試圖理解她。但是，我愈想愈不明白，反而使自己更易怒，更加受不了她。

後來我才明白要改變她很難。只要她一惹惱我，我就會提醒自己「她本來就是這樣呀」。她是位連主臥房的衣櫥和抽屜，都要按照自己意思整理的人，試圖理解她只是自討苦吃而已。

漸漸地，你會發現一切都沒什麼大不了的。遇到有相同問題的患者，我也是一貫地建議他們，「反正改不了，就接受吧。」觀察、記住對方在什麼情況下會說什麼話，只要掌握好他的反應即可，這一切都傷不了你。不管他說什麼，只要隨意敷衍就好。

如果對方已在發火邊緣，那就轉移話題，避免摩擦。這個方法看似被動，卻是保護自我的最佳方法。一味地吵架、生氣、誤會，反而會迷失自我，被對方牽著鼻子走。

既然改變不了，又不能避而不見，那就**接受問題，記住問題點吧**！

假裝，並不會讓你失去自我

人們都很討厭「假裝」一詞，覺得這是不眞誠的行爲，認爲好像得貶低自我去順應別人。

但是，我覺得假裝並無不妥。確實，它是不誠實的行爲，所以當親近的人「假裝」有在聽自己說話，其實在想別的事情時，我們會感到不悅。或是，明明累得要死卻要「假裝」沒事，也會使我們感到不是滋味。

舉例來說，我們沒必要和工作夥伴分享自己的眞實心情。互動關係本身就具有流動性，重點是如何維持良好關係。況且在合作夥伴面前表露眞實情緒，本來就不是什麼明智之舉。也就是說，就算討厭一個人，也沒必要表露出來讓對方知道，這種時候「誠實」只會把關係搞僵。

再舉另一個例子，如果父母被孩子搞到理智斷線、面露不耐，會讓孩子有多受傷？**我們有必要承認自我內心的情感，但沒必要將它攤在陽光下**。這種時候「假裝」就非常重要。假裝並不是失去自我，而是一種配合，爲了省下多餘的精力，讓事情圓滿解決。

「誠實」有時比「面具」更傷人。

因此，別再把「假裝」看成是負面行爲。誠實，有時候才是讓對方受傷、讓關係僵化的主因。

只要不在意，就能成爲最強的防禦

想一想，如果有人不分青紅皂白指著你破口大罵，不管理由是什麼，任誰都會覺得被羞辱，而臉紅得抬不起頭。面對這種莫名的指責，該怎麼辦才好？衝上去揍幾拳，還是乾脆落荒而逃？

羅馬歷史學家塔西陀（Tacitus）曾說：「對別人的責罵感到生氣，就是一種承認。」不管是揮舞拳頭，還是相互謾罵，都不是解決問題的好方法。先想一想收到「禮物」的時候，假如收到不想要的禮物，只要拒絕就好。被他人責備的這份「禮物」也一樣，收或不收取決於自己。

不好的事，並不會一開始就對我們造成傷害，只會爲我們帶來一種「受傷的情緒」。**只有我們能決定，要讓它傷害自己，還是還給對方**。對方也許會因爲攻擊失敗而惱羞成怒，企圖再傷害你一次；也可能爲了讓你無地自容，想在當衆羞辱你。然而，會不會受影響、被他擺布，完全取決於自己的選擇。

只要你不在意，就算有人想傷害你，也傷害不了。

別讓不重要的人，影響你

如果他在你的人生，不是重要的角色，就別煩了吧！你不會因爲他的爲所欲爲，而因此變成沒有價値的人。對著沒有犯錯的你，恣意妄爲的他才是沒有價値的人。

想擺脫控制就別在意，與其花心思在他身上，不如充實自己，磨鍊能力、培養實力，成爲比他更成功的人。那麼即使他說再多壞話，也影響不了跑在前方的你；再者，沒有任何方法比充實自我更能保護自己。

暫停，才能帶來繼續前進的動力

我第一次見到韓國舞蹈治療第一人——柳粉順老師，是在韓國臨床藝術治療協會中。不知不覺間已經過了二十五個年頭。我們相差四歲，卻成爲彼此的莫逆之交，一起分享了很多事。只要聽到她的聲音我就會感到心安，然而，我跟柳老師見面時，最常說的話卻是勸彼此休息。

「休息一下吧！」

「好的，老師您也是，別太勉強身體。」

我曾在韓國臨床藝術協會的演講中開玩笑地說，「我跟她都活在忙碌中，但唯一不同的是，我得了帕金森氏症，而她很健康，可能因爲她有跳舞運動，但我沒有的緣故吧。」

雖然是玩笑話，但也是事實。單純工作和邊跳舞邊工作，還是有所差異。所以說，休息與放鬆是人生中非常重要的維他命。

身兼醫生、母親兩種身分的我，三十年來從沒休息。健康與休息雖比任何事都重要，但我總是忙到時間都不夠用。我奴役了需要細心呵護的身體，對它施以酷刑，把它當作是傳達腦部思考的工具。我把自己當作鋼筋鐵骨，以爲不休息也沒有大礙，甚至連身體的警訊都沒察覺。

一九九九年開始，我飯量驟減，字愈寫愈小，到了晚上右腿就動彈不得，變得討厭與人交談，開始出現種種的不安症狀。然而，我告訴自己，只是太累了，適當休息加上運動，很快就會復原了。

不過，我並沒有因此停下，不管是運動還是休息都沒有做到。不斷被我奴役的身體，最終被宣判罹患不治之症。

究竟是什麼原因讓我明知需要休息，卻停不下來？

仔細想想，大概是因爲我自以爲所有事都得親手完成。講白一點，我覺得不管工作還是家庭，只要少了我就無法運行，沒有我一切都會亂了方向。即使不用親自處理的事，我也全部攔在自己身上。以爲忙碌的生活，就是很多人都需要我的證明。

也許是因爲這樣吧，每當看到那些跟我一樣活在「忙碌」中的人，就會替他們擔憂。「身體是一種機器，過度使用也會故障，要好好保護身體。」然而，不管說什麼，他們都聽不進去，到底該怎麼做才好？恐嚇他們「再不休息，你就會跟我一樣」有用嗎？

不過，我的威脅與恐嚇，倒是對工作狂的丈夫起了作用，至少他不會再說：「等我手邊的工作結束後，再計畫旅行吧。」工作沒有盡頭，他也知道休假的那天絕對不會來臨。愈是工作狂，愈要休息，試圖安排工作與休息都能權衡的計畫。

每次在安排年度計畫時，我總會說要安排時間去度假。不過他總會說：「這怎麼行呀？工作上的事情很難說，萬一有事怎麼辦？不能隨便離開工作崗位啊！」

我只回答：「醫院沒你也能正常運行好嗎？」

現代人沒有所謂的「閒暇時間」，總是有源源不斷的事情要處理。因爲我們害怕不跑快一點，就追不上別人。看電視、用手機查資料、看網路新聞，連坐在公車或捷運上，也要不斷吸取新資訊，毫無停留。

直到睡前，腦袋從沒停止運轉，不小心就會超出負荷，產生劇烈頭疼。這是腦袋再也無法接受刺激的警訊。即使如此，我們仍選擇忽視，不讓自己有「放空的自由」，因爲我們無法忍受什麼都不做。

如同進食要時間消化，腦部也需要時間休息。我們需要時間消化長時間的刺激，和腦海中堆積如山的資訊。利用休息時間，我們可以把零星接收的刺激與訊息重新統合整理，選擇有意義的資訊，也就是所謂的「思考」。

如果只有不斷的刺激，腦部會趨於疲乏，不但無法找出問題的答案，還可能選擇遺忘。這就是爲什麼人們需要放空的原因。

寫影評時，我通常會將同一部片看兩次。第一次是不假思索，用心感受；第二次再專注於影片的內容。只看一遍就要寫書評，有時候還眞是寫不出來。而且通常都是看完一週或十天後，腦袋才會有「想法」，才能將自身經歷跟電影結合，找到影評的主題與方向。如果沒有一個星期的時間停下來思考，其實很難寫出像樣的文章。

不管是身體還是腦袋都需要休息。**短暫的停留，才能讓我們思考每個人生經**

你有沒有勇氣跳出忙碌的迴圈呢？

歷的意義，找出對的方向繼續前進。當身體疲憊又沒辦法休息的時候，就允許自己「暫停」吧！**中場休息的時間愈多，內心的不安就會愈少，成長反而會增多**。

現在的我，不再忽視身體，我會仔細聆聽它傳遞的每一個訊息，不讓身體陷入苦行。以前即使身體疲勞，只要精神還可以，我就會不停忍耐下去。不過，現在只要身體累了，我就讓自己休息。一邊散步、一邊仰望天空，感受輕拂身體的徐徐微風。

當然，也少不了認眞運動。就算因此完成不了該做的事也沒關係，反正雜誌社會找別人寫專欄，也會有人幫我代課，這些事不是只有我才做得了。就算不做事，我也不再認爲自己是沒用的人。現在的我才明白，擁有「無所事事的時間」，才能夠活出沒有後悔的人生。

我決定留給自己——許多放空時間，看看周遭風景。

在平凡中，找到你非凡的魅力

曾經有個婦女看著訪客的兒女，半開玩笑地說：「你家怎麼只有三女兒長得不好看？」大女兒、二女兒、小女兒，不只臉蛋小皮膚白，眼睛又圓又大，是名符其實的小美人，兒子任誰看來都算得上是風流倜儻的小帥哥。唯有三女兒，怎麼照鏡子都找不到漂亮自信的地方，也不太受異性歡迎。因此，三女兒總覺得自己貌不驚人，認爲自己不夠好，漸漸開始討厭站在人們面前。

每當遇上發表的場合，她總會渾身發抖、手足無措，甚至連上臺報告都做不好，所以從來沒當過班長。而這位三女兒，就是我本人。每當我提起這件事，人們總是難以置信。

「哎喲，怎麼可能，老師妳會自卑？妳不僅有一副娃娃臉，在臺上演講時也沒看妳緊張過啊！別騙我了啦！」

平時我喜歡開玩笑，說自己什麼都沒有，只有美貌。在協會裡還被評鑑爲第一名人氣講師，他們的反應也不是不能理解。不過，小時候的我眞的非常自卑。人生最重要的事就是被愛。然而，社會通常都先透過「漂不漂亮」來評斷一個女生，當一個小女生被說不漂亮時，內心該有多自卑。

「大家會不會討厭不漂亮的我？」在這種恐懼下，小女孩努力撒嬌，做很多貼心的事，但內心其實非常怨恨世俗的雙眼。在小女孩的自尊心養成過程中，醜陋的自卑感對她造成非常多負面的影響。

培養自尊心的過程，本來就會受他人影響。所謂的自尊心，就是尊重自己的心。爲了尊重自己，一定要相信自己的好。人通常是透過他人，反射自己的優越。例如，當他人接受你、愛你、原諒你的過錯，你就會感到自己的美好。反之，當他人不喜歡你，害怕被遺棄的恐懼，會使你忽略自己的美麗與美好，甚至以己爲恥、責怪自己，過著充滿不安全感的人生。

不管是誰都會自卑，因爲世上沒有十全十美的人。但是，過強的自卑感，會使人生變得黯淡不幸。自卑感強、自尊低的人，往往會覺得自己不爭氣、毫無價值可言，而放棄掉許多幸福的機會。

自卑感並不一定不好。爲了彌補不漂亮的缺陷，克服內心的自卑，我發憤圖強、努力用功。因爲我知道，如果要掩飾缺點，必須培養另一項優點。直到現在，在每次的演講或報告前，我總會盡可能讀完所有資料，對此進行不同角度的思考，歸納出結論，幫助我在演講中，盡可能回答所有人的疑問。

我之所以得以走到今天的位置，全歸功於努力念書。如果我長的美如天仙、完美無缺，也許就找不到成長的理由了吧。

我們沒必要費心掩蓋內心的自卑。努力培養其他優點，缺點就會漸漸被遺忘。自卑感過強的人，常誤以爲努力也只會招來失敗，還不如提前放棄。這種想法導致他們只能凡事咬牙切齒、一味忍耐，找不到前進的目標。他們甚至無法武裝自己，只能任人批判。聽到「其貌不揚的討厭鬼」、「你就是什麼事都做不好」之類的言語攻擊，只會默默承受。即使鼓勵他們：「你很好，不要再被自己困住了！」也只是當成耳邊風而已。

不過，這種情況不是無藥可救。長得不好看、某方面的事情做不好，只是因爲它不是你的長處，不代表你是「沒價值的存在」。某些人雖然長得不好看，但透過其他的魅力，吸引了很多目光。也有些人明明有缺點，但卻靠著其他優點，創造出自己的價值。**他人可以評斷你，但並不能影響你存在的價值**。

不要再在意他人的眼光，把注意力放在自己身上吧！每個人都有缺點，也有優點。然而，讓你畏縮的缺點，並不代表眞正的你，你只是被他人的評價綁架了。舉例來說，因爲「妳怎麼這麼醜」這句話，從小到大我都誤以爲自己很醜。不過，當我走出去才發現，我只是跟哥哥姊姊比起來醜了點，但世界上有許多跟我一樣平凡的人。

就從提高自我認知開始做起吧！我曾對一個嚴重自卑的患者說：「你怎麼看自己，人生就怎麼走。你覺得自己好，人生就好；你覺得自己失敗，那人生就會失敗。在意別人的目光前，先決定你如何端看自己吧！」

對自我失望，覺得自己能力不夠，把自己當成缺陷綜合體，那麼你的人生就僅止於此。反過來說，如果你知道自己本性善良，盡可能地照顧別人，對任何事都全力以赴，人生就會不一樣。

你就是你，人生會因爲如何看待自己而有所改變。別輕易受他人影響，錯了改正就好，面對莫須有的指責，只要不理睬就行。不要把自己視爲弱勢，要知道每個人都是平等的。

從相信自己、尊重自己開始做起。如果連你也不相信自己，那麼誰會相信你？如果連你都不保護自己，那又要誰保護你？努力滿足別人的期待，不但容易招來失敗，更可能因此迷失自我，導致生活變得空洞。

改變對自己的看法，從自卑中走出來吧！接受諮詢後好轉的病患，總會先從外貌開始改變。他們會變得更漂亮或更帥氣，而這正是自信心恢復的證明。找回信心和自尊，不但臉部表情會變得柔和，皮膚也會變得光澤剔透。擺脫長期以來的壓迫，才得以發揮我們眞正的實力。

找回自尊心，讓自己重生，大膽地向世界邁進吧！想成爲具有魅力又動人的人嗎？先從自尊心開始做起吧！一個擁有自信的女人，不漂亮也難啊！

一個人很好，兩個人也不錯，三個人會更好

慧恩有一個外號叫「碰不得小姐」，她的工作能力一流，能把業務處理得一絲不苟。卻有個缺點——從不吃虧。不管是誰，只要派遣她額外的工作，她總會問：「爲什麼是我？」把責任劃分得清清楚楚。

對於原則或是認爲對的事，她絲毫不會讓步，所以老是和同事起衝突。她俐落的性格，在工作上沒什麼大問題，不過，她總是企圖和所有人保持距離。像是午餐時間總帶著便當，一個人在休息室埋頭苦吃。若有人約她一起吃飯，她的答案總是：「我不喜歡吵雜的地方，還是一個人吃就好。」

如果有人問起私人的問題，她就會勃然大怒。面對前輩的關心，她的回答

是：「人爲什麼一定要跟他人一起生活？一個人做事很輕鬆，我分內的事也都有做好，從沒傷害過別人，我不覺得有什麼問題。」

爲什麼慧恩覺得人跟人之間要保持這麼遠的距離？又是什麼讓她覺得自己能夠獨自走過人生？像慧恩一樣，明明白白劃清界線，不讓自己的領域被侵犯，覺得「一個人很好」的人，日益增多。

他們認爲，別人是別人，我是我，不需要彼此干涉，保持距離就好。對他們而言，追求獨立與自由，自己的快樂與安逸是優先選項。他們不想浪費精力在他人身上，更害怕不小心依賴他人。

結婚生孩子，對他們來說是一種綑綁自由的行爲，他們不但不能理解，也不覺得重要。「我自己賺、自己花都不夠了，爲什麼要結婚？結婚只不過是多一層關係，自尋煩惱，把自己搞得筋疲力竭。爲什麼要生小孩來剝奪自己的自由？人是種自私的動物，當他需要你才會假裝兩肋插刀，以示親近。一旦沒利用價值了，隨時都可以把你丟棄。爲何要讓這種事困擾自己？」

他們害怕別人阻止自己想做的事，所以乾脆讓這些「別人」消失，覺得獨自生活比較舒適。人生有這麼多快樂的事，何必在人與人之間的夾縫中求生存？

我們是不是活在自己的「鳥籠」中？

沒有人能要求他，他認爲自己的人生自己負責，所有人都得尊重他。面對這樣的慧恩，我什麼話都說不出口。因爲我知道，曾經被別人深深傷害過的她，一路走來有多麼辛苦。在他人面前築起的高牆，只是爲了保護自己的垂死掙扎。

她想成爲獨立的人，覺得依賴是不知廉恥的行爲。就算無法自己解決事情，也不願尋求協助，寧可獨自徹夜想辦法。

不僅如此，她還爲自己引以爲傲。而把獨立當成美德的現代社會，更成爲她的一大助力。現在的社會氛圍，總把依賴他人解讀成一種不成熟或有問題的行爲，導致很多人在尋求他人幫助時，會感到羞恥。

只不過慧恩弄錯方向了，她搞混「獨立」與「孤立」。獨立是能夠照顧自己的生活，不過獨立之前，要先學會依賴。人活著，總會需要他人的幫助。獨立的人，在需要幫助的時候，不會畏懼開口。而當別人需要他的時候，也毫不吝嗇地幫忙。獨立的人知道，自己就是人生的主人，請求幫助只是暫時的權宜之計。

然而，害怕尋求幫助的人，其實只是害怕人生的主導權落到他人手中，所以不敢開口。這種時候，我們不稱之爲獨立，而是「孤立」，也就是遇到不能解決的問題，就將自我孤立。

我擔心慧恩只是自以爲獨立，築起高牆活在自己的象牙塔裡，孤立自己。也擔心她在象牙塔裡活得不夠快樂，暗自擔心害怕有人侵入她的寶塔裡。過度的自我保護，讓她身邊的人也只能隨之憂慮。

人的情感，具有強烈的傳染性，很快就能感染周遭的人。當個性活潑開朗的人出現，原本死氣沉沉的氣氛會轉爲歡笑；當憂鬱或脾氣不好的人出現，歡樂的氣氛會突然凝結。我想這種經驗每個人都體會過，慧恩站在高牆後方，散發著「別靠近我，我一個人很好」的訊息，只會讓他人陷入尷尬的窘境。

就算她的行爲沒有妨礙別人，但情緒已經妨礙到整個團隊的氛圍。再者，明明什麼都沒做，她就急於劃清界線，任誰都會感到不悅，以後即使慧恩需要他們伸出援手，他們可能不會理睬。

英國心理分析家費爾貝恩（Fairbairn）曾表示，人最基礎的本能是尋求客體，沒有人不需要別人。人會希望依賴他人，從中得到關懷，凡是漂亮的、美味的、有趣的東西，比起獨享更想共享。因此，看到有趣的人事物就會想起媽媽，也許只有人類吧。

我曾在一場意外中體會到這個道理。有一次爲了參加研討會，隻身前往西班牙。我向來喜歡獨處，抵達當天便穿著輕便，前往巴賽隆納的各個角落旅行。我享受當下，享受沒有同伴的遷就，可以毫無顧忌地去想去的地方。心想著：「這就是獨自旅行的魅力吧？」當夕陽西下，我爬上某個城堡的樓臺，看著眼前美妙絕倫的夕陽餘暉，心裡相當澎湃，忍不住感嘆：「看！眞的很美吧？」當然，我沒得到任何人的回應，則才意識到「我只有一個人」。

當時，我眞的深深體會到人爲什麼需要同伴。他能回答你：「是啊！好美！」當你問他：「好吃嗎？」他會回答：「嗯，眞好吃！」獨自的回憶褪色得很快，但與他人一起共享的回憶，會存在彼此之間，歷久彌新、意義非凡。這是一種記憶、一種歷史。

一個人很好，兩個人也不錯，三個人會更好。當你在折騰自己、推開他人，覺得一個人也很好的時候，重新想想吧！沒有人了解你眞的是好事嗎？

不久前，有個後輩對慧恩說：「前輩，我喜歡妳，我想跟妳一起做事！」雖然慧恩回答他：「謝謝你的喜歡，不過我還是想一個人。」不過，當她聽到這句話時，內心肯定有幾分高興。我暗自希望這位後輩能更積極一點，因爲終究只有「人」，才能解開這緊閉的心房。

別急著改變別人，人生沒有標準答案

當我看完韓國長篇小說《常綠樹》後，就一直希望能當醫生。到醫療資源貧乏的鄉下，替無法治病的人看病。不過，爸爸卻反對我讀醫大，他說當醫生對女人來說太累了。夢想成爲醫生的我，堅持己見考進了醫大，因此成爲家裡唯一挑戰過爸爸的人。

念大學的時候，社會上很看不起上臺演出的「戲子」。但我毫不在意，仍加入了戲劇班。這件事引來爸爸的盛怒，他不懂爲什麼課業已經這麼繁忙，我還要沉溺於戲劇，再次忤逆不孝。

每次放假我總是說謊，假裝要去托福補習班，其實是去排演。我不顧父母反

對，堅持做自己想做的事，這樣的我，有什麼資格給他人建議呢？

建議，帶有一種「你錯了」的感覺。人在受到批評指責時，通常不想承認錯誤，寧可硬著頭皮向前。我也是如此。當別人給我建議，我就會故意唱反調。

我之所以不給他人建議的第一個原因，就是我也討厭建議。己所不欲，勿施於人。再說，人有時候並不想聽任何建議，我們只想聽自己想聽的話，做自己想做的事。所以「建議」這種事，還是不做得好。

不過，一旦發現他人選錯了路，人還是會忍不住給予建議。畢竟眼睜睜看著重要的人往火坑裡跳，怎能不阻止呢？

曾經有人問我：「老師，學妹很愛惹惱我。上次她遇到沒辦法解決的難題，跑來找我傾訴。我仔細一聽，發現她跟十年前沒兩樣。十年前的她，也曾爲了類似的問題苦惱來找我幫忙。我的天啊，怎麼有人在十年間，煩惱同一件事？怎麼會十年來都沒有進步？我眞是又驚訝、又失望。」

「你呢？你跟十年前有不一樣嗎？」

任何人都希望現在的自己跟十年前不同，至少不會在同樣的問題上打轉，更懂得應對進退。不過即使到現在，當我遇到跟十年前一樣的課題，我也會用同樣的方法處理。唯一不同的是，我會發現自己「又來了」的時候，能夠適時提醒自己注意。

人無法輕易改變。精神治療之所以需要長時間反覆執行，便是因爲人們就算意識到問題來源，也無法立即解決長年積累的問題。相反地，慢慢解開每個環節，則會使人成長、改變。

看著誤入歧途的人，我們會生氣，不過生氣並不會解決問題，千萬別期望對方聽了你的建議，會有多大的改變。

重要的是，對方犯錯，但你也可能是錯的。即使是指導住院醫生，我也會盡量注意不說片面之詞。通常我會讓他們先發表自己的案例，再給予建議，慢慢領導他們。

通常在第一堂課，我就會告訴他們：「這段時間，不是由我教你們，而是我跟你們一起學習。你們也許會有新的觀點，我會盡所能，以經驗補充你們沒考慮到的部分。讓我們分享彼此的看法，一起尋找答案。我只要求大家一件事，不論我說什麼，都抱持著『我不這麼認爲』的立場，反駁我、說出你們的想法。」

不聽我的片面之詞，從「我不同意」的觀點出發，讓每一個住院醫生不論對錯，都能說出自己的想法，藉此找尋答案。如果只聽不說，即使是正確答案，他們也無法完全消化，因爲這不是透過自己歸納出的答案。

因此，建議他人之前，先拋開對方會因你而變的想法吧。坦白說，他們聽不進任何忠告。靜靜聆聽、小心建議，把決定權交給對方，就算最後他走了冤枉路，承擔的人也是他自己。

在無法習慣離別前，唯一能做的就是準備離別

今天收到遠方摯友的噩耗，卻因遙遠的距離，我來不及做最後的道別他就離開了。而我只能仰望天空，含著淚水向他揮別。

每天膩在一起的兒時玩伴，上了大學後，雖然不能經常見面，但只要想到他就有股莫名的安心。疲憊時，我們總會互通電話，問上一句：「你忙嗎？」彼此加油打氣。即使不能經常見面，還是會透過偶爾傳來的消息，確認彼此的平安。我們有太多話要說，曾經約好等生活把我們鬆綁，就要經常見面、經常聊天。然而，還來不及遵守約定，他就先走一步了。

經歷了這麼多的生離死別，我仍無法習慣離別。

每一次的離別，都像是第一次，這麼的陌生、這麼的痛苦。每次的離別，就像新手媽媽，躡手躡腳地抱著新生兒，讓我不知如何是好。離別就像赤腳踩過沙礫，椎心蝕骨。每當秋天一到，看著沉默不語的大樹，默默地送走每片葉子，我也跟著穆然無語。

壓抑不住對摯友的思念，我的內心滿懷歉意。要是再多相處一點就好了，再多陪他一點就好了，再多愛他一點就好了……。

我心痛，也很抱歉。怎麼每次都等到失去了才開始後悔？再多聯絡一點，再多分享一點，也許我都不會像現在一樣心痛；也許我們就可以擁抱過去的時光，用溫馨的離別取代懊悔……。

正因爲我的自私自利與漠不關心，讓離別充滿悔恨，充滿了陌生與苦痛。有那麼多時間可以陪伴我的摯友，我到底都在做什麼！在離別的痛苦時分，我突然想起媽媽的話：「走的人走，留的人活。」

歷經女兒及丈夫的離開，媽媽該有多麼哀傷？不過，她卻告訴我，別把重要的人生浪費在後悔、自責與埋怨上。

爸爸離開的最後一刻，我沒有陪在他的身邊。不願意傷害別人的爸爸，連離開都是這麼地沉靜。他在星期六深夜寧靜的睡眠中，離開了人世。隔天一早，我接到媽媽的電話說：「妳爸沒有呼吸了……。」

我急忙趕到爸爸身邊，他的臉是那麼的安詳。那種感覺，就像是在操場上，爸爸奮力跑完一圈，把手上的接力棒交給我，對我說：「我已經跑完一圈了，是時候把棒子交給你們了。」

每當對生活感到疲憊，我都會問自己，有沒有帶著爸爸傳下來的接力棒努力生活。**離別後，留下的人唯一能做的就是好好地活著**。人生無常，有時候我會想「如果另一半比我先走，該怎麼辦？」其實答案只有一個——**活在當下**。盡力做好每個當下，才能少一點心痛、少一點後悔。

爸爸生前極爲節儉，他不理解爲什麼要浪費錢搭計程車，一生都只堅持搭公車。即使爸爸走了，媽媽只要坐上計程車還是會渾身不對勁，而忍不住說：「妳爸那麼節儉，他在天上會罵我的。」

我安慰著媽媽：「不要覺得對不起爸，他在天上不會想看到妳活得那麼辛苦。該花就花，不要太省，不然爸爸會心疼的。」

我們都知道，爸爸一生盡其所能努力生活。對他來說，搭計程車是種不幸，搭公車是種幸福。但是，年過八旬的媽媽，搭了計程車，一點都不算是做了壞事。看著至今才釋懷的媽媽，我心想，離開的人終究要離開，留下的人終究會留下。

在無法習慣的離別面前，雖然悲傷，但我們唯一能做的就是準備離別。珍惜每個今天，與你愛的人，一起度過幸福時光！

Chapter

4

給孩子們的信——勇敢過你們的人生，挑戰這個世界

飛吧！別因為往後看，而錯失展翅的機會。
父母可以成為你人生的里程碑，
但是，不能成為你的人生目標。
成長是對自己人生負責，不再在意過去的傷口。

我們受傷也創造傷害，擁抱你內心還沒長大的孩子

親愛的孩子，我想起剛生下你們的時候。周遭的人都要我做好心理準備，以免被嚇到。他們說，剛出生的孩子，臉會被擠得像小猴一樣，非常醜。

不過當我看見你們緩緩移動的小手小腳，櫻桃般的小嘴，哭哭啼啼卻又瞪得渾圓的雙眼，眞的好美。那種感覺很奇妙，不敢相信在我眼前的是自己剛生下的孩子，而非從天而降的天使。

流產後過了兩年，我終於懷孕。當時，我只有一個想法，一定要守護住這個孩子。那時我咬緊牙關，鼓起勇氣申請了兩個月的產假。當時只有兩年住院醫師資歷的我，免不了被他人指指點點。但對我來說，沒有什麼事情比你平安長大更

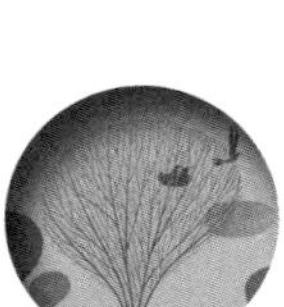

重要的了。

到了預產期時，原想自然產，最後因爲身體狀況逐漸衰退，不得已接受了剖腹產。手術結束後醫生說，如果再晚五分鐘就糟了，當時我眞是嚇壞了。看著在新生兒室靜靜睡著的你，我內心無限感激。那時候的我，就算爲你付出一切也再所不惜。

根據精神分析的「依附理論」（Attachment theory），出生初期母親給予孩子的照顧，會成爲孩子日後人格發展的基礎。餓的時候餵奶、哭的時候安撫、睏的時候哄他，孩子會透過母親（養育者），培養出日後對自我、他人及世界的信任。我想成爲這樣的母親，帶領你堅強地面對這險峻的世界。這世上，還有比這更快樂的事嗎？

但是，當年我只是個二十七歲的年輕媽媽。每天辛苦地上下班，回到家就忙著餵你吃飯、幫你洗澡、哄你睡覺，分身乏術。徹夜哄你睡覺，隔天直接上班的情況也不計其數。

身心俱疲的我，被困在養兒育女之中，擔心同事們會不會早已遠遠超越我。不知不覺，只要你一耍脾氣，我就藏不住心中的那把火。

你五歲的時候，妹妹出生了。她一出生就有心臟病，經常吃不下飯，不時生病，我只能帶著年幼的她不斷往醫院跑。那時候，我對你說，如果某一天你發現媽媽不見了，就表示妹妹住院了。年幼的你聽到這句話時，該有多傷心？

我應該耐心地向你解釋，但我總是忙得焦頭爛額而無法做到。那時，我是個不折不扣的新手媽媽，你爸爸因爲在軍醫院工作，常常不在家。我不但沒辭職，生完妹妹一個月後又重新回到職場。

再加上照顧公婆的壓力，每當你哭著喊「媽媽」時，我明知不是你的錯，但還是忍不住罵你，要你安靜。眞是慚愧至極。

不過，是你讓我這位新手媽媽獲得成長。還記得，在你讀國小三年級時，因爲被夾在經常見不到面的老公和強勢的公婆間，已承受不住的我決心要離婚。那時我對你說：「如果妹妹跟媽媽搬出去住的話，你可以一個人好好生活嗎？」

你卻問我：「爸爸跟媽媽吵架了嗎？」

「不是，只是媽媽有點累了。」

然後，你不發一語地躲進房裡。過了好一會才跑出來對我說：「媽媽，妳知道世界上最重要的是什麼嗎？是家人。家人是妳用錢也買不到的東西。」

那時緊緊抓住我的人，是你。如果沒有你，我也許會因爲一時的壓力，錯過最珍貴的家人；如果沒有你，我也許只會爲了自己的野心與目標活下去。

生下你的時候我才懂得，單純的付出原來可以這麼快樂，也才明白愛與珍惜的道理。兒子啊！謝謝你讓我成爲一個眞正的媽媽。我人生最大的成就，不是當了精神科醫師，也不是出了幾本暢銷書，而是生下了你與妹妹。

我早已發現年幼的你，埋藏著孤獨和對妹妹的不諒解。這是我造成的傷痕，爲此我感到無限的罪惡與抱歉。世上沒有完美的父母，希望你能原諒我。

外婆生下我不久後，就臥病在床整整六個月，當時的我沒有任何人照顧。也許是缺乏母愛，我很晚才戒掉吸吮手指的壞習慣，還會尿床。約莫五歲那年的冬天，我又尿床了。還記得外婆氣得要死，不管外頭正在颳風下雨，她直接把穿著睡衣的我趕了出去。

冷風吹進睡衣，我一邊發抖、一邊大哭，還握緊拳頭，立志一定要報仇。長大後回想起來，那時外公剛好官司纏身，外婆也因爲生了第三個女兒，必須承受婆婆的壓力。因此，出生後得不到愛並不是我的錯，只是時機不好而已。況且，當時外公和外婆也只是不懂事的年輕父母呀。

長大後，我才理解父母的心情。學會如何治癒過去的傷口，控制自己的情緒。**世上沒有完美的人，我們會受傷也會傷害別人**。體會到這項眞理後，我才學會擁抱自己內心那位受傷的孩子，讓它得以繼續成長。

慶幸的是，我這位失格的媽媽沒有影響到你。長大後你成爲了一個青年才俊。你懂得相信他人、相信世界，懷抱著一顆溫暖的心。有一次，你自得地對我說：「媽媽，沒關係啦！妳一直都很努力不是嗎？」

淚水頓時浸溼了我的眼眶。是啊，這就是人生啊！兒子啊，你以後會遇到無數的人，你們會彼此傷害。**而治療傷口最好的方法就是成長**，切記，你已經擁有這項超能力了。

什麼時候，你才要過自己的人生？

去年一如往常，我又收到從美國德州寄來的聖誕卡片，這十年來從沒停過。今年她要展開看護學校的生活，同時計畫生孩子，在卡片中要我祝福她。我打從心底爲她高興，因爲我比任何人都了解她一路走來的嘔心瀝血。

十四年前，我第一次在醫院見到她。二十四歲的小女孩，看上去卻像七十歲的老婦女。她的內心好像藏了什麼祕密，一言不語只瞪著我瞧。

不管我問什麼，她的回答都是「不是」、「就這樣啊」之類的冷言冷語。但慶幸的是，每次的治療她從不缺席，總是準時到醫院報到。我相信只要耐心等待，有一天她一定會開口。

就這樣過了一年，某一天我們突然聊到媽媽，她就像暴風雨襲來一般，淚如雨下。她哭得傷心欲絕，連我也忍不住跟著眼眶泛淚。之後她開始娓娓道出內心壓抑許久的兒時回憶。

在別人眼裡，她的媽媽像天使般溫柔婉約。不過，一回到家，卻突然像變了個人似的，虐待自己的女兒，使她內心一片混亂。

心情好的時候，媽媽會把她捧在手心，瘋狂抱著她；心情不好的時候，又會突然性情大變，對著她大吼大叫，瘋狂地喊著：「眞後悔生了妳」、「就是妳毀了我的人生」。

對於媽媽的憤怒及自責，讓她認爲自己沒有存在的價値，人生開始崩壞。她吸毒，異性關係複雜，甚至進過監獄。然而，突然間，她發現自己不能再這麼下去，所以回到韓國找到我，準備接受治療。

「爲什麼我的人生這麼悲慘？爲什麼會遇上這種壞媽媽，讓我痛不欲生？只要想起生氣的媽媽，我到現在都還會發抖。我只不過是她的附屬品罷了……。」

「以前的妳只是個孩子，只能夠依賴媽媽活下去。不過，現在的妳，就是爲了過更好的日子，才來找我的不是嗎？自己的人生要自己開拓，這就是最好的證

飛吧！別因為往後看，而錯失展翅的機會。

明。妳值得被愛，也一定會幸福。『過自己的人生吧！』妳的媽媽有她的人生，而妳有妳的人生。沒有妳的允許，即使是媽媽也不能毀掉妳的人生。」

無法得到父母疼愛的孩子，會同時感受到愛及恨。渴求被愛，卻又得不到愛，因此懷抱憎恨。他們怨恨父母，卻又離不開他們，就像人造衛星般，在父母身邊打轉。

他們說，自己因爲媽媽，所以人格扭曲；因爲爸爸，所以社交生活出了問題；因爲父母，成爲人生失敗者。他們認爲自己的人生被父母摧毀，並深信只要遇上願意照料他們、有能力的父母，人生就會完全扭轉。

不過，從具有歷史地位的人物看來，正好相反。大多數的情況是，生於有聲望的家庭、擁有成功父母的子女，往往沒有特別出色。

不久前，西班牙畫家巴勃羅．畢卡索（Pablo Ruiz Picasso）的孫女馬妮娜（Marina Picasso），傳出想出售祖父留下的三百餘張畫作，而引起廣泛討論。馬妮娜是畢卡索與第一任夫人生下的大兒子保羅．畢卡索（Paulo Picasso）的女兒，保羅的一生中，不是當爸爸的司機，就是乞討度日。

馬妮娜還有個哥哥，據說他受到畢卡索第二任夫人的阻撓，沒能參加祖父的婚禮。因爲承受不了羞辱，幾天後喝下漂白水自殺。哥哥的死讓馬妮娜接受了十五年的精神治療。她決定賣出畫作時曾說：「我想擺脫『畢卡索』這個家族。人們只看見我獲得巨額遺產，但這是沒有愛的遺產。」

旁人或許羨慕成功人士的子女，但對他們來說，可能是場悲劇，因爲這意味著他們一生都得抱著不安全感，與父母較勁。

這種情況比較容易發生在兒子身上。多數的男生第一次感到自卑，是與父親爭奪母親之時。兒子想獨占母親，卻贏不了比自己高大威猛的父親，因此嫉妒父親，我們稱之爲「戀母情結」（Oedipus Complex）。但是，只要自己成爲與父親平等的對象，孩子自然能克服這項情節。不過，倘若孩子不管怎麼做都贏不了優秀的父親，將會使孩子倍感挫敗，跌入自卑的深淵。

不論是成功人士的兒女，或是從小被虐待的孩子，他們都活在父母強大的陰影中，認爲自己沒有能力離開父母的庇蔭。可是，父母並非強大及完美的存在，他們仍然會犯錯，也是會怯懦的不完整個體。他們希望孩子填滿自身的缺陷，給予孩子自己缺乏的愛。父母年輕時，跟你們一樣生澀，也是透過長時間的努力，才擁有今天的成果。

所以，不要再幻想世上有完美的父母了，從父母的陰影中走出來吧！別再怪罪沒出息的他們，也不要讓他們的失誤綑綁了你。

父母可以成爲你人生的里程碑，但是，不能成爲你的人生目標。**成長並不是回頭解決陳年往事，而是對自己人生負責，不再在意過去的傷口**。

不要因爲父母而感到自責。每個人都知道，子女的幸福與快樂，就是父母最大的成就與幸福，不是嗎？他們只期望能夠默默陪伴子女，看著他們做自己想做的事而已。媽媽有媽媽的人生，爸爸有爸爸的人生，大家勇於活出自己的人生。

別害怕愛！
當愛情來臨時，緊緊擁抱它

「幾百位精神科醫生，也贏不過一個與你眞心相愛的人。」這句話是精神科醫師常說的話。你問我是不是在說笑？絕對不是。眞愛會讓我們變得更美好。

當有人願意全盤接受你的缺陷與弱點，你會開始相信「我眞的是個不錯的人」。戀愛的人總是充滿自信，勇於嘗試任何事情。戀愛能打破長期圍繞自己的高牆，找到新的世界、新的際遇，並開始認識自我。從愛裡克服過去的傷痛，解放自己，讓生活變得更有活力、變得美麗。

我總會問那些害怕愛情的人：「這麼好的事你怎麼不去嘗試？」得到的答案是，他們會覺得跟對方走得太近，使他們產生過多的依賴，最後迷失自我。自我

否定與自卑心理，讓他們誤以爲自己被世界拋棄，沒有被愛的價值。

他們忙著推開喜歡的人，就算戀愛，也不斷擔心關係結束的那天，因此忙著築起城牆，防止自己陷得太深。一旦發現對方的缺點，他就告訴自己：「這個人不是我要的人。」隨後趕緊把對方甩掉。

對戀愛恐慌的人來說，愛不存在於現實，而是一種近乎完美的幻想。他們覺得愛要永恆不變，另一半要完美無瑕、一輩子守護著他。因此，他們的愛經不起現實的考驗，更不能忍受對方犯錯或有些許的不完美。當有人滿足幻想中的條件，他會歡欣鼓舞，忙著把對方「理想化」。

以爲孤單的愛情旅途終於結束，期待對方理解他、治癒他的空虛與寂寞。然而不久後，他又會開始發現對方缺點，看見不喜歡的行爲，幻想瞬間破滅。反覆歷經感情的大起大落，讓他們愈來愈不相信愛情。

我並不是指理想型不好。戀愛的人本來就會「情人眼裡出西施」，這是一種投射行爲。反過來說，要先有理想型才有辦法戀愛。尋找完美情人與自己的幻想，也是擺脫現實無奈的一種防禦機制。就像孩子看到勇敢、帥氣的王子與灰姑娘結爲連理；或是街上的乞丐其實是王子的童話故事般，浪漫幻想會爲我們帶來一種快感。

不過隨著年齡增長，我們會發現自己並不完美，也會明白他人的缺點。儘管如此，我們還是會漸漸相信自己有被愛的價值，把理想化爲現實。世界不完美，愛也可能不完美，但我們還是能從中找到安心與信任。

小時候，你們總會不停地問：「爸爸跟媽媽是怎麼認識的？媽媽喜歡爸爸哪一點？」你的爸爸是醫大的風雲人物，幾乎沒有人不認識他，身邊總圍繞著一堆朋友。聰明、幽默、具有領導力的他，全校大概沒有人會討厭他。

每當有人遇到困難，他總是第一個伸出援手；每當有人遇到問題，也會第一時間站出來解決。不僅跟教授的關係良好，對未來也很有憧憬。當時在我眼裡，他眞的是特別帥氣。

而我以前非常內向、害羞，爲了鍛鍊性格，甚至加入戲劇班。那時，我很想主動搭訕他人，試著跟他們滔滔不絕地聊天，卻怎麼也做不到。所以，你爸爸的領導氣息一下就吸引了我。我們墜入愛河，順利走入婚姻。

不過，讓我愛上他的優點，反而成爲婚姻生活的絆腳石。

每個人發生事情時都會找他，就算是半夜他也會急忙出門幫忙。晚歸的他，

在愛情來臨前，先愛你自己。

自然所有家事都變成我的重擔。新婚時，我曾懷疑他到底愛不愛家人，吵架也是家常便飯。某一天我突然明白，你爸爸愛家人的方式跟我有很大的不同。

幼時住過好幾個親戚家的他，被貧困所擾，因此對成功極其渴望。他認爲，要守護家庭要先有力量。在專制家庭下成長，讓身爲長子的他有一種使命感。爲了工作、爲了照顧他人，他四處東奔西跑，肩上跟我有同樣的重擔。理解之後，我開始體會到你爸的辛苦。他不再是那位白馬王子，而是跟我一樣，爲了生活四處奔波的丈夫。從這時候開始，我們的愛情才變得更加結實。

你們常問我，要怎麼知道對方是不是眞愛，下一秒說不定會出現更好的人。所以，不陷入愛情是不是一種明智之舉？

不過，**對的人不是突然就會出現，而是靠著時間慢慢積累**。就算遇上不好的人，至少我們學會愛、學會生活。戀愛是一件大事，因爲你要懷抱一個跟你從不同世界而來的人。

當愛情來臨時別推開它，緊緊擁抱、爲它瘋狂吧！這世上，沒有比戀愛更能豐富生活的事了。如果愛累了，就讀讀這首詩。

當愛情來臨，是多麼偉大。
他的過去，他的現在，
他的未來，他的一生，
都隨愛而來。
易碎的、碎過的心，
也隨愛而來。
愛的端倪，
也許就像一陣風，
如果我心也刮起一樣的風，
那就盡情地愛吧！

——出自韓國詩人鄭玄宗《訪客》

「調整」不是認輸，職場上你們要會的事……

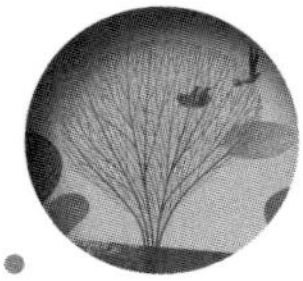

我從國立精神醫院拿到專業醫師執照後，在醫院裡遇上一個不喜歡我，經常針對我的上司。住院醫師生涯結束後，我很想繼續留下來工作，因爲在這裡，我可以盡情研究精神疾病與心理劇治療法。但這位上司用盡各種方式不讓我留下，原因僅是我跟他畢業於不同學校。

只因學校不同就被排擠，遇到這種莫名其妙的狀況，我也無可奈何。這無法解決的問題，讓我更加鬱悶。我每天就像活在人間煉獄般，承受他的侮辱。在眾人面前被他無視，連正眼都不瞧我一眼，就像在告訴我：「識相就快滾吧！」

我滿腹委屈，曾想過要放棄，不過想留下的心，還是促使我堅持下去。就算做雜事也沒關係，被罵也笑著回應。我告訴自己：「即使不能成爲正式班底，也要盡力才不會後悔。」老天爺好像聽到了我的呼喚，上司因一些意外而沒辦法做滿任期就突然離開，而我也順利地留下。

這一年雖讓我吃盡苦頭，但仔細一想，自己也學到不少。以前我從沒被他人無端討厭過，畢竟大學成績優異，在心理劇治療界也備受肯定，結束住院醫師生涯後，我簡直自信感爆表。

然而與上司的矛盾，讓我學到在團體裡，自己的能力再好也沒有用。我明白到人際關係和放低身段迎合團隊的適應能力十分重要。如果沒有他，我會繼續自以爲是，覺得自己聰明絕頂、趾高氣揚。

很多社會新鮮人，進了公司還學不會配合就辭職了。優秀的能力與背景，讓他們認爲公司達不到自己的期望。有一次，畢業於名門大學管理系、進到人人稱羨的大企業工作一年的三十歲男生，因爲跟爸爸產生矛盾與爭執，所以到醫院求助於我。

其中一項矛盾就是辭職。「我辛辛苦苦念了四年大學，不是爲了做一些雜事，主管指派的工作高職畢業就可以做了。而且我們只能看指導員的臉色做事，我只是要求課長指派其他工作給我，就被臭罵一頓，說我狂妄放肆，不會走就想飛。繼續待在這種公司我只會變成笨蛋，還不如辭職進修法學院。拜託醫生，快快說服我爸爸吧！」

一九八〇年出生，二〇〇〇年畢業的大學生，顯然無法適應公司制度。他成長於核心家庭，對社群網路駕輕就熟，習慣對等關係，無法適應上命下從的位階。歷經競爭激烈的入學考試與職場面試，導致他們比起團隊合作，更重視個人能力與成果。

在公司裡，他們把犧牲與讓步視爲失敗，不能忍受些許不合理，想透過手邊的工作得到衆人認可。

某個人事主任曾告訴我：「現在的新進員工，還沒加入皇家馬德里（Royal Madrid Football Club），就先以爲自己是羅納度（Cristiano Ronaldo dos Santos Aveiro）了。」他們以爲配合就要百分之百放棄自己的個性與能力，這不僅傷害自尊，還意味著失敗。因此，他們一路走來比前人更加辛苦。

我認爲，世上任何適應的過程，都不需要完全放棄自我。所謂的配合，不是單方面的迎合。而是在與大環境互相改變的過程中，逐漸拓展自我。心理學把適應分爲兩個階段——同化（Assimilation）與調適（Accommodation）。

簡單來說，同化就是你不變、環境改變；而調適則是你改變，配合環境。舉個例子，認知結構中，知道狗有四條腿的人，看到有四條腿的東西就認定這是狗，這稱爲同化；但是當他看到貓，他會發現「不是四條腿的都是狗」，基本認知被修改，這稱爲調適。

而同化跟調適的過程比例，有可能是五十比五十，也可能是七十比三十或二十比八十。也就是說，在某些情況下，你需要貫徹自己的主張；有些時候又要收下堅持，順應對方的意見。所以說，沒有百分之百的同化，也沒有百分之百的順應。

新進員工，必須把調適的比例調高，降低同化。聆聽前輩的意見，跟著不合理的制度走。如果抱持著「因爲我是新人才被電」、「等我職位高一點，你算什麼」等心態，反而學不到任何東西。調適是拓展自我思考的過程，以前不能接受的文化或方法，都可能從中發現優點，開闊視野。就像我也是透過職場生活的酸甜苦辣，才得以成長。

別把適應的問題，誤以爲是公司的錯。先努力嘗試後，才有資格抱怨公司的不好。不先調適就辭職，就算換了別間公司，即使不是同樣的問題，也會發生類似的煩惱。公司有既定框架，在職的每個人只能順應它。

人類，是到死之前都得不斷調適的動物。調適意味著成長與發展。親愛的兒子與女兒啊，別讓上門的機會溜走，日後你們會發現，專注於調適，會讓生活更加豐富。

如果想要重生，就得摧毀這個世界

赫曼．赫塞（Hermann Hesse）的名作《德米安：徬徨少年時》（*Demian: Die Geschichte von Emil Sinclairs Jugend*）中的名句——「鳥奮力衝破蛋殼。這顆蛋就是世界，如果想要出生，就得摧毀這個世界。」

內文敘述少年辛克萊遇上德米安後，長大成人的過程。我很喜歡這本美妙的小說，同時爲描寫成長痛苦的這段話，感到遺憾。成長都是痛的，就如同衝破蛋殼的痛。但除了痛之外，衝破蛋殼、擺脫狹隘的世界，展翅高飛，同樣是件值得開心的事。

直到大學加入戲劇班，我才領悟這件事。高中以前，我連站在大家面前念念課文都感到痛苦，爲了改掉害羞內向的性格，大學一入學，我立刻加入了戲劇班。但在他人面前練習發聲、演技眞的很爲難，我也曾想過直接退出。不過，一年級的寒假，因演出了韓國本土話劇〈李重生閣下〉中的大閨女，讓我改變了心意。

雖然只有三腳貓功夫的演技，演的也不是重要角色，但是公演一落幕，欣喜若狂的心情實在難以言喻。

這齣劇帶給我莫大的成就感，從那時候起，我竟一腳掉進戲劇，只要有錢就去看劇，還買了一堆相關書籍。在寒冷的冬季，連續兩個月不斷奮力練習。甚至認眞苦惱過，是否要離開醫大轉念戲劇系。

我的演技蒸蒸日上，大學四年級時我在韓國本土戲劇〈奴婢賣身契〉中，飾演一個叫翠髮的男性藝人，從面具舞跳到迪斯可，在舞臺上熱情舞動。負責導戲的專業演員對我讚不絕口，還問我有沒有興趣從事戲劇行業。

最有趣的是，當我沉溺於戲劇中，醫大的成績竟跟著變好了。別人都是因此成績一落千丈，我竟然還拿了獎學金。一方面是害怕成績不好，爸爸會不准我演戲，另一方面是沉浸於戲劇時，好像也讓我學會了沉浸於其他事物的樂趣。戲劇讓我重新找回自信，能夠毫無畏懼嘗試任何事情。

美國哲學家威廉．詹姆士（William James）曾說，成就與抱負的比例會影響自尊。成功的經驗愈多，自尊心就愈強，也愈勇於挑戰。成就則可以引起一連串連續作用。突破是多麼值得開心的事，眼前未知的挑戰可以幫助我們發現過去不知道的自己。如果當年我沒去戲劇班，就不會知道原來我有戲劇天分，也不會著手研究心理劇治療。

隨著時間推演，現在的「挑戰」好像意味著犧牲。現代社會強調單一性的成功，任何事都取決於比較及競爭，挑戰變成一種「無意義的行爲」，亦象徵著失敗。我們的人生從考試、工作、結婚、生子，樣樣都被拿來比較。許多大人把人生歷程，視爲一種固定模式的生產線。隨著經濟衰退，生產線變得愈來愈狹隘，競爭也愈來愈激烈。

面對可能失敗的挑戰，與其白白葬送青春，我們轉而選擇一條安全的道路，寧可守護「已經擁有的」就好。

然而，愈是退縮就愈無法積累經驗，甚至導致無法順應社會，逐漸被淘汰。我在國立精神醫院任職時，遇過很多專科醫師考試落榜，或是長期處於精神焦躁的住院醫師。其中，有一名學生足足落榜了三次，最後才跑來找我。

我被他三年來的診療紀錄嚇了一大跳。我問他有沒有其他醫生看過他的紀錄，因爲那些診療紀錄簡直亂七八糟。他如果早點向其他醫生求助，應該不致於落榜三次。

沒想到，這位學生認爲向前輩或主管請教問題，會被貼上「能力不足」的標籤，害怕讓別人看到眞實的自己。因此試著自己解決，卻反而弄巧成拙。漸漸地，他開始害怕挑戰，甚至覺得自己是「一無是處的人」。

兒時就被拴上鐵鍊的大象，長大後即使有足夠的力氣，牠也不敢扯斷鐵鍊。因爲兒時的記憶，已經使牠放棄掙脫。

明明有足夠的能力，卻因爲過去的失敗而放棄，我們稱作「習得性失助」（Learned helplessness）。失敗的經驗會加深挑戰的恐懼，導致事情無法完成。愈是這樣人，小型挑戰與成功就愈是重要。

舉例來說，對沒有旅行經驗的人而言，獨自到國外旅行簡直是無稽之談。但是，若和朋友一起到近處旅行，難度就會大幅下降。嘗試一、兩次後，漸漸會想去更遠的地方，最後獨自出國也不成問題。**從小處做起，事情會變得更容易**。

挑戰和習得性失助一樣，需要學習。

成功的次數增加，失敗的可能性會減少。即使失敗，也知道這是通往成功的過程，能夠鼓足勇氣再次挑戰。孩子們，千萬別害怕錯誤、失敗。當你對未來感到退縮或不安時，切記，小型挑戰是最好的解藥。

恕我重複，衝破蛋殼無疑是一件極度開心的事。打破封閉的蛋，逐漸成長，翱翔世界，能不開心嗎？認識世界，擁抱新的經驗。人生其實就是行動、感受、思考，而經驗不過是其中一環。

豐富的經驗讓人生多彩。哲學家帕斯卡（Blaise Pascal）曾說，享受人生的最佳計畫，就是把它當作探索宇宙的唯一機會，盡其所能地活用吧！

你我皆不同，愈親近愈不能做的事

「我乾脆去當媽媽的病人算了！」孩子們，你還記得這句話嗎？這是你們青春期的時候，經常對我說的一句話。

我在外頭總是靜靜地聽著病患傾訴，然而，回到家卻不聽你們說話，只知道嘮叨。對不起呀，你們是我最珍惜、也最需要我照顧的人。但人的精力有限，**大部分的人都把精力消耗在工作上，卻因此忽略了最重要的人**。

人對自己愈不親近的人，愈是親切。我們會因爲距離感，試圖維持良好的關係，開始照顧對方的情緒，忍住欲望、調整自己。加上期望值低，也較能接受彼此的差異。期待少，失望就少。相反地，在面對親近之人，期望愈高就愈容易因

爲小事而彼此傷害。

二〇一四年我的病情開始惡化，連行走都有問題。別說工作或家事，連吃飯、上廁所都很困難。你們的外婆擔起照顧我的責任，年過八旬的她，成爲我的看護。我一方面愧疚至極，另一方面又倍感安心。因爲有一個眞心愛我、珍惜我的人在身邊。不過，照顧病人說來簡單做起來難，外婆也開始顯得疲憊。

藥的副作用總讓我汗如雨下，有一次外婆幫我擦汗時，突然對我說：「我們倆這樣子像話嗎？」

無心的話卻像把銳利的刀，刺傷了我的心。頓時間，我聲淚俱下。這句話眞實地描繪出無能爲力的我，與漸顯疲態的外婆。她的心情，我再理解不過了。曾在醫學和著作方面都頗有成就的女兒，對她來說是多麼自豪的存在。現在卻得了不治之症，身體動彈不得，還要靠她照顧。

我難掩悲傷，心想：「我的媽媽怎麼可以跟我說這種話？她是我媽呀……。」

也許直到現在，我還想像個孩子一樣，纏著媽媽幫我處理好所有的事情吧。不過對方即使與我們關係親密，但終究還是擁有不同欲望的兩個個體。如果沒有劃清界線、把彼此視爲「一體」，就會產生很多不必要的期待。例如要求對方只爲了你而活，理解你的全部，還要滿足你源源不絕的希望及要求。

這種情況在戀人之間同樣很常發生。交往初期，爲了在彼此面前留下良好的形象，細心揣摩彼此心境，任何舉動都小心翼翼。交往一陣子，彼此熟悉之後，逐漸露出以往不好意思表露的事情。如果對方接受，那麼我們心中的小女孩或小男孩就會雀躍不已，覺得已經成熟長大。但是，如果沒有好好掌握這一份「雀躍」，過一陣子，又會開始害怕對方厭惡或離開自己。

爲了確保這份愛，過程中不斷測試對方，希望他永遠只看著我，爲我笑、爲我哭，還要他常說「永遠愛我」之類的話。甚至，期待彼此不言而喻的默契，一有閃失就傷心欲絕。起初的尊重消失殆盡，取而代之的是自我中心式的愛情。這正是親情與愛情容易傷害彼此的原因。

親近讓我們能快速理解對方的心情，卻也容易因爲無心之過，使彼此受傷。**面對摯愛不能任性**，如果沒有好好珍惜，隨便敷衍、隨意丟棄，再親近的關係也會像碗盤般輕易地支離破碎。一旦破了，就很難重圓。

北京師範大學教授于丹在著作《論語心得》中曾說：「花一旦全開，馬上就要凋謝了；月一旦全圓，馬上就要缺損了。而未全開，未全圓，仍使你內心有所

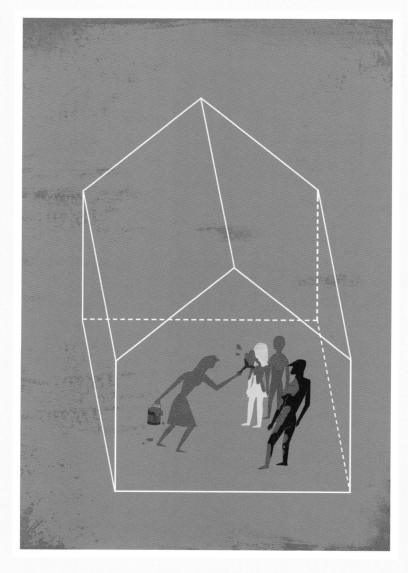

別輕易改變他人的色彩，我們皆不同。

期待，有所憧憬。朋友之道，親人之道，皆是如此。」再怎麼親密，人都是個體。

想維持友情或愛情，必須先認清我與對方是「兩個不同的個體」。以不侵犯彼此的領域爲前提，慢慢敞開心胸，互相理解。所謂的「親密」不是一種結果，而是一個過程。爲了維持，需要不斷努力。

關係緊密的人，會常聽到：「我們這麼熟了，爲何在意這點小事？」這類輕率的話語。**愈是親密，就愈要小心翼翼地珍惜**。不要期待對方完全接受你，也不要觸碰他的弱點，更不要傷害他的自尊心。交往的過程中，要維持基本禮儀與信任。

家人，是你在充滿淚水的人生路途上，能夠相伴走最遠的人。充滿恐懼不安的生命旅途中，即使不是家人，只要有一個無條件相信你、支持你的人，就得以獲得前進的勇氣。

在地球這顆孤獨的行星裡，「親密關係」是上天送給我們最好的禮物。持續澆水吧，千萬別對它棄之不理，認真經營下的花香會讓人生變得更美麗、更加香氣四溢。

不必讓所有人喜歡你，創造你的「同心圓」

女兒啊，記得不久前妳問我：「如果很討厭公司某個人該怎麼辦？」當時我還以爲妳在職場上遇到了麻煩。追問之下，才知道是妳的朋友遇上了不對盤的前輩，讓上班變成一種煎熬。

妳的朋友安靜沉穩，但前輩的個性跟她恰好相反，他直話直說，甚至當眾吆喝要妳朋友滾出去，還覺得這沒什麼。每當遇上這種情況，她總是心驚膽顫。不過，這位前輩每次發完脾氣爲了緩解氣氛，還會請她吃個飯或喝杯咖啡。但對她來說，這樣反而更痛苦了。因爲她必須耐著性子，聽前輩滔滔不絕地談論自己的私生活，甚至還對她的生活打破砂鍋問到底……。

不管是每天遇到自己討厭的主管，或是被主管討厭，日子都會變得很煎熬。不過在公司，我們沒辦法選擇跟自己喜歡的人工作。公司的目標是創造利益，而不是增進員工情誼。世界上一定存在著和你處不來、價值觀相斥，或你討厭的人。不管是已經遇到了，或是未來才會遇到，爲了圓滑和睦的社會生活，我們需要學會與不喜歡的人和平共處、與討厭的人一起工作。

在朝夕相處的同事間，「好感」是一種潤滑劑。然而，現代年輕人卻把「好感」，視爲理所當然。簡單來說，他們希望在職場上也有如家人般的緊密關係，就像韓劇《未生》中的吳相植和新進員工張克萊一樣。

在劇中，夢想成爲職業棋手的張克萊，最後放棄了夢想，進到大企業工作。連高中學歷都只是考了同等學歷考試的他，對於英文、報告等技能，樣樣都不會。在同一組的吳相植次長，每天對著這位「擠進天鵝湖的醜小鴨」的張克萊又喊又罵，實質上卻比任何人都照顧他。

這部韓劇能夠創下這麼高的收視率，部分原因就來自於上班族希望能在職場上找到家庭情感的期望。在孤獨、排外的現代社會中，隸屬在有家庭情感的團體中，意味著一種安心。

家人是不管在任何困難前，都會彼此相愛、互相支持與照顧。有這種期望的人，就會覺得同事間彼此分享與互相喜歡是理所當然的事。因此，他們無法忍受跟不喜歡的人一起工作，覺得這種現象是「不正常的」，還會爲此飽受壓力。只要對方沒有釋出善意，他們就會開始揣測對方是不是討厭自己，無法忍受他人對自己不親切。在對方的回應中豎起觸角，不斷揣摩，最後把自己搞得精疲力盡。

但把同事和職場前後輩當成家人，眞的是一件好事嗎？

維持親密關係，需要投入極大精力。因爲所謂的親密就是知道彼此缺點，卻還是能全盤接受的特殊關係。除了需要信任及坦誠自我的勇氣，還需要承擔失望的風險。因此，每個人一輩子擁有的親密關係，通常僅止於家人及少數的朋友。如果想跟每個人都維持這種關係，不但身心難以承受，還會變成一種義務與責任。

重視人脈的現代社會中，許多人努力嘗試和所有人當朋友。多一個敵人，不如多一個朋友的想法，讓他們汲汲營營，試圖獲得他人好感。與人交際不再是一種自發行爲，而是工作的延續。

渴求得到他人的愛與認同的焦慮，使我們對別人的反應變得敏感，五感神經也愈來愈發達。然而，爲了建立良好人際關係，掛上虛僞的笑容，反而只會帶來尷尬，使我們無法真正與任何人變得親近。

孩子們，**親密關係與圓滑的人際關係是完全不同的概念**。人際關係是從「親密關係」開始向外畫出同心圓，最外圍的一圈則是「普通關係」。隨著認識人的多寡，同心圓的大小會有所不同。

圓滑的人際關係，指的是能夠清楚判定彼此的位置，隨著關係的不同做出合宜的舉動。在職場前後輩的同心圓裡，我們只需要充分發揮自己的能力，圓融地解決彼此衝突，互相鼓勵、一起努力，不一定要喜歡、親近彼此。

想在職場上維持圓滑的人際關係，重點在於「互相」。事實上，所有關係都是一種「互相」，我做多少，對方回饋多少，這是維持關係的基本方式。

即使跟討厭的人一起工作，也別因此影響情緒，把注意力放在彼此的「公平與互相」。做好分內的事，在工作上彼此幫助，別放太多情感。人生中十個裡面總有一、兩個和自己不對盤的人。這兩個人即使你費盡心思，也難以拉近彼此的距離。

所以說，別浪費心力在與自己不合的人身上。不如把心力放在剩餘的八個人身上，人生會過得更加精采快樂。

別讓夫妻成為家具，交融彼此的靈魂吧！

戀愛是狂熱的。他的甜言蜜語，輕搔著耳際；他的體味，帶來緊張與安定；他的撫摸，喚醒全身上下的每個細胞，曾經停息的身體重新找回律動，充滿熱情與活力。性愛帶來強烈情感，將戀人們緊緊捆綁，兩人彷彿終將穿越界限，合爲一體。然而，這一份狂熱卻隨著彼此熟悉，逐漸冷去。

疲於照顧孩子的老婆，晚上只想睡覺；上了一天班的老公，回到家只是倒頭就睡。偶爾想看氣氛行事，卻被老婆的冷言冷語傷了老公的自尊，彼此的不滿漸漸堆積，夫妻關係於是愈走愈遠。歲月流逝，夫妻間只剩下淡而無味的對話。

詩人都鐘煥把中年夫妻的相處模式，寫成了一首詩——《家具》。

老婆與我就像櫥櫃一般，
被放在各自的位置。
長年以來的習慣，
我們各司其職直到天黑。
有時我打開她的門，
她的身體卻發出嘰嘰嘎嘎的聲響。
我在她的體內探索，
卻忘了自己想找什麼。
我走了出來，
老婆又再次工整地關上每個抽屜。
她從不開我的門，
我總難以為情地望著她。
我開始習慣背對著背。
家具們本來就不會交談。
老婆在房裡擺著。

我的影子伴隨著站在原地的我，
變得又笨又重。

是不是很令人悲傷？當年連牽個小手都小鹿亂撞的戀人，竟變成了毫無生命的櫥櫃，總是被擺在同樣的位置，毫不起眼。夫妻間不再好奇，也感受不到任何情感，性愛漸漸變得索然無味、尷尬至極。就像在嘰嘰嘎嘎作響的櫥櫃中找不到任何東西，只能尷尬地立刻關上門。

有一次，妳擺動著手，問了我意料之外的問題：「媽媽，就算老了做愛也很重要嗎？」是的。即使對八旬老人來說，性愛都很重要。性愛不僅帶給我們自信與自豪，還會爲生命帶來活力。沒有性生活的夫妻，不知不覺間會帶給彼此心靈上的剝奪感，就像是自我性別無法被對方認同一般。對老婆而言，無法被愛的痛苦，遠遠勝過無法滿足欲望的痛苦。

沒有性生活的夫妻，經常會因爲小事而起爭執。因爲我們在性愛的過程中，腦中會分泌腦內啡（Endorphin）與催產素（Oxytocin），以感受快樂與親密。性愛過後，夫妻間的小摩擦會自然地煙消雲散。反過來說，沒有性生活的夫妻，彼此間的不滿會逐漸堆積，也沒有溫暖的火爐化解彼此的不開心。

很多人以爲「性」是人類的本能，跟努不努力沒有關係。不過，「性」跟身體其他機能一樣，長期不使用就會退化。細心栽培的愛情才不會枯萎，性愛亦是如此。要保持對彼此肉體的渴求，傾聽彼此的欲望，互相稱讚與勉勵，給予對方溫暖，才不會就此喪失夫妻關係中的親密感。

許多夫妻因爲熟悉就隨便，抒發完欲望就背過身睡覺，甚至因爲疲勞就無視對方的邀請。每個人心中都有無法開口的私密欲望，當這項邀請被拒絕，內心難以言喻的羞恥感會轉爲一種傷痛。憤怒因此累積，夫妻間的鴻溝因而加深。

性愛是身體間私密的對話，它能說出言語無法表達的欲望與幻想。對話的過程不僅是肉體，夫妻間的靈魂也會變得緊密。拋棄性愛，不僅意味著拋棄人類最原始的快樂，更意味著放棄夫妻間才能分享的親密感。

女兒啊！當妳結婚久了、又有自己的孩子，妳可能發現當年熱情如火般的心情開始消失，一定要想起媽媽的話：「性愛是上天給予人類最貴重的禮物，一定要享受它所帶來的快樂。」

活在少數成功者與多數失敗者的冷酷世界

女兒啊，妳推薦日本漫畫家益田米莉的作品《小好》，我已經看完了。主角是三十四歲單身女子——小好，是一個很有趣的角色。她在咖啡廳工作，不算多也不算少的薪水，過著平淡的生活。

偶爾跟已婚朋友見面，她總會問自己：「不結婚好嗎？」要錢沒錢、要外貌沒外貌的她，心想：「就這樣過下去好嗎？」

站在瑜伽學院前，卻對於每個月三千的學費開始猶豫不決。「一輩子都單身的話，是不是應該把錢存起來？」但又不想因爲還未發生的未來，讓自己過得窮酸，她果敢地決定上瑜伽課。她對未來有些不安，但還是選擇享受眼前的小確幸，

雖然愛自己卻又有些擔心。《小好》系列的書籍在日本大賣了二十八萬本，在韓國賣了十萬本，創下驚人成績，這意味著年輕人對主角的故事有強烈共鳴。

小好是日本「草食世代」（SATORI世代，原文SATORI在日文指「得道」的意思，諷刺沒有野心，只求安於現狀之人）的代表性人物。而草食世代則是指一九八〇年代後段出生的人。

日本經濟泡沫化後，青少年長期處於不安狀態，導致他們只想賺「足夠的錢」就好。對於汽車、奢侈品或出國旅遊毫無興趣，也不想出人頭地，滿足於生活現況。日本年輕社會學者古市憲壽寫了一本《絕望國度里的幸福青年》（暫譯）來描述該現象。反過來說，這是源於年輕世代相信未來沒有希望，還不如享受當下的幸福。

相較於經濟泡沫化之前的高成長時代，年輕人相信明天會比今天更好。因此，總是對當下感到不滿足。而現代年輕人認爲未來只會愈變愈糟，因而滿足於日常中的小確幸。再怎麼努力也不會成功，還不如享受當下。古市憲壽在書中對經常怪罪草食世代的年長者們說，這種趨勢並非錯在年輕人的意志不堅，而是上一輩人留下的因果報應。

讀完這本書後，我看一看你們，驚覺平凡度日竟變成是一種奢求。我曾自稱是放棄戀愛、結婚、育兒的「三棄時代」，此時內心感到無比愧疚。

還記得你們對我說，很羨慕我的年代，因爲只要努力就能成功。沒錯，我們的年代，怎麼努力就能怎麼收獲。只要大學畢業，就能毫無牽掛地過上幾十年安穩日子。不過，我們的世代也不是那麼幸福的。我們必須長期處在競爭與不安的狀態。

你還記得K叔叔吧？媽媽的大學同學。K叔叔出生貧困，半工半讀賺取學費才得以從醫大畢業。他很有生意頭腦，幾年前還開了一間大型醫院，成爲率領四百位員工的院長。幸福美滿的家庭加上收入穩定的醫院，羨煞旁人。但就在不久前的同學會上，他說自己像是上了賊船無法回頭的浪子。爲了給病患最好的診療、給員工最穩定的工作，他日以繼夜地工作。雖然能給予他成就感，但是他幾乎每天都到凌晨才下班。他看起來是那麼孤獨、那麼疲憊。

我們的年代，幸福等於成功，成功就是成爲第一。不能成爲第一，努力得到再多都只是徒勞。社會被分成兩派，少數的成功者與多數的失敗者。爲了成爲少數人，無時無刻都得戰戰兢兢，因爲失敗不是運氣不佳，而是努力不夠與能力不足的證據。

現代社會過度宣傳「只要努力就能成功」，媒體上也不斷播放克服困難後成功的案例，種下「只要努力你就能跟我一樣」的希望種子。但是，很實際的是，**成功的期望，其實是一種慢性恐慌，常常讓人誤以爲無法成功全是歸咎於自己**。導致人們害怕失敗，在不安中追求成功，不斷鞭策自己。

在成爲少數成功者的路上，無法存在「滿足」。就算使勁全力成爲佼佼者，也無法自我滿足，因爲，維持比成功更難。爲了甩開緊追在後的人們，通常要比現在付出更多的努力。此外，隨時可能被搶走的地位，以及長期處在不安狀態，導致身心無比疲憊；再加上，唯有第一才有資格被認同及稱讚的社會氛圍，意味著我們必須獲得他人認可，才能證明自己是成功的人。

爲了迎合他人，卻喪失了自我；明明想做自己喜歡的事，卻爲了世俗的眼光不得不放棄，最後陷入絕望。其中最大的問題在於——連自己都孤立了自己，只能被空虛與孤獨包圍。

把世俗的眼光做爲標準的現代人，爲了在他人面前力求表現，卻在努力過程中感受到孤立感。美國社會學者大衛．理斯曼（David Riesman）稱之為「群體性孤獨」。為了成功，忍受一點孤獨又如何？被世界認可，不就是一種幸福嗎？就因為這樣，成為佼佼者的路上才會如此不安、寂寞、辛苦，不是嗎？

如果是我，我一點都不想成為第一，也從來沒當過第一。事實上，我對現在的自己十分滿足。我的人生照著自己的計畫走，每一天只要多努力一點，就可以多幸福一點。滿足自己的生活，別人的指指點點又有什麼好怕的呢。

我覺得人生就像藝術家親手完成的作品，每項作品都有各自的美，無法相提並論。就像是自我實現只對自己有意義，不能與他人相提並論，只要能完成自己想要的作品就好了。

不久前，我看到一篇有趣的報導，一個記者問哈佛大學經濟學系的教授，他以前的學生現在都從事哪些工作呢？教授神情嚴肅地說：「第一名畢業的學生大部分都在監獄裡，成為社會樞紐的通常是當年平凡卻勤奮念書的普通學生。」短期看來，第一名學生的人生好像遙遙領先，但整體看來卻非如此。

就我而言，成功不是成為有錢人，更非貞節牌坊，而是自我實現。朝著自己內心的夢想向世界前進，不用比別人跑得快，也不需要跟他人比較，只要**真正的**

滿足自我就好。

只要到了我這個年紀，你們就會知道，高高在上的人總有離開崗位的一天；賺大錢的人也總有一天會隱退。屆時，人的價值唯有靠自我實現與否支撐。拋開自我只以金錢和職稱衡量自己的人，下了舞臺後，自我價值將蕩然無存，剩下的只有極度悔恨。

你們也許會繼續長期處在不景氣的時代，即使沒有光明燦爛的未來，和成功路途的指引，也不能就放棄人生。同時，我再次叮嚀，不要爲了獲得他人認同而追求第一，更不要追求他人眼中的成功。任何人只要得到第一名，人們就會投以過多的關心，這種第一名的被取代性極高，即使不是你也無所謂。

即使你不是第一，得不到衆人的關心，也別因此生氣。媽媽希望你們不要因冷酷的世界動搖，更別爲了追求成功而成爲寂寞之人，試著鍛鍊自己堅強的內心。記住，**人生是一項美麗的藝術作品，而這不是掌握在他人手中，百分之百取決於你。**

關於結婚——
世上沒有完美的人，
只有能不能接受

媽媽的腦海裡，經常浮現你們穿著禮服或燕尾服的樣子。在我心裡，你們好像永遠不會長大，但是，總有一天會離開我的懷抱，成爲別人的丈夫或妻子。雖然我已做好心理準備，知道你們總有一天會獨立，但是如果那一天眞的到來，我不確定能不能不讓自己流淚。因爲光是想像，都足以讓我熱淚盈眶……。

我跟你爸爸已經結婚三十二年了。結婚能讓你一秒上天堂，也能讓你一秒下地獄。夫妻間有時會用尖銳的言語和行爲彼此傷害，有時又會若無其事地一起開懷大笑。

你爸偶爾會嚷嚷著說，他娶到工作狂老婆，一輩子連桌溫馨的晚餐都沒吃

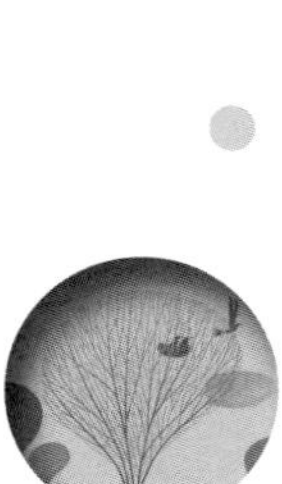

過。接著就會像翻倒的糖罐般，我一一跟他清算舊帳，像是一個人背著有心臟病的女兒去醫院、替賺不了錢的老公扛起家計、還要去醫院照顧公婆等。我碎念完後，他就會急忙說道：「好啦！好啦！妳把我罵到臭頭吧！」接著，兩人一陣哄堂大笑，事情就過了。

我知道你爸爸提起往事，是為了讓心力交瘁的我稍微舒暢一點。每當這個時候，我都覺得有他在真好。因為有一個心照不宣的人在身邊，讓我安心不少。

我老是抱怨他只顧外、不顧內。不過，在我的所有回憶裡，他不曾缺席。在你們牙牙學語的過程、第一次學會走路時、第一次上小學、第一次拿到獎狀……能跟我分享一切快樂的人只有他。

一起分享回憶，是一件多麼美好的事啊！過去的回憶永遠富有意義，存在我們的心理，永垂不朽。假如沒有結婚、沒人與我分享這些回憶，就像被收在抽屜的日記，只有我一個人能看。

年輕人都說結婚要犧牲得太多，甚至可能失去「自我」，可是我卻不這麼想。事實上，婚姻讓我更了解自我。媽媽、醫生、老婆、媳婦，一人分飾四角雖讓我苦不堪言，卻讓我從中發現自己的極限，學會控制自我，也更懂得包容。

遷就他人、無法做想做的事，這些並不意味著失去自我。跟隨他人的腳步，朝意外的方向前進，反而能拓展自己的可能性，自我成長。

婚姻能豐富兩個人的生活，過程中雖然會歷經無數的爭吵與摩擦，但只要好好調整，努力減少摩擦，婚姻生活會爲你帶來滿滿的充實感。當然，這些需要你們的準備與努力。

夫妻關係出現問題的患者，最常說的話就是：「我老公（老婆）結婚到現在都一個樣。」可是，他們沒有意識到人本來就難以改變，如果無法接受彼此的不同，一味固執地強迫對方照著自己的意思走，幸福也會跟著溜走。**我們連自己的個性都改不了，怎麼能強迫他人改變呢**？

接受眞實的另一半，不要求過多的改變，夫妻感情自然會變好。世上沒有完美的人，只有你能不能接受。決定踏入婚姻前，不該想著改變對方，而是先思考自己能不能接納他的缺點。

我曾幫不少情侶諮詢，希望你們避免下列幾種情況。第一，不要和價值觀相斥的人結婚，購物取向跟儲蓄取向的人在一起，必定有所爭吵。基礎價值觀不同，很難長期生活；第二，避免跟會突然消失或突然斷絕聯絡的人交往，他們是淪陷於賭博或其他成癮物質的高風險群；第三，注意會過度干涉每件事的另一半，嚴重的話，他可能會患上疑心病。

我已結婚三十二年，是婚姻界的前輩，想給你們幾點建議。第一，不要用莫名的責任感壓迫自己。女生常因害怕夫妻關係變質，或是對方過於疲憊，什麼事都選擇自己扛著。有時忍耐是對的，但過度忍耐反而導致夫妻情感疏遠。大部分的男人認爲，自己需要扛起整個家，爲家庭負責。什麼事都想自己解決，悶在心裡反而把家人變成一種負擔。累了就說，需要幫忙就開口，萬一有問題也可以一起解決。

第二，千萬不要認爲只有「我」在犧牲。所有的人際關係中，都沒有百分之百的犧牲，每個人都會有所讓步。心中的不滿持續累積，只會讓事情變得更嚴重、更不可挽回，最後讓自己成爲不幸的人。特別是和婆家或娘家起衝突時，我們經常會向另一半抱怨，不過，這不僅無濟於事，反而會傷害夫妻間的情感。如果不是非處理不可的問題，就讓它過去吧！

第三，千萬別說出會後悔的話或做出後悔的事。因爲一時的誘惑，很可能讓長時間經營的感情毀於一旦。如果想修復，就會變得非常之難。

結婚是辛苦的。如果說，戀愛是從遠方賞山，那麼結婚就是直接爬山。你會看到以前所不知道的優點與缺點，再加上現實問題，需要煩惱的部分只增不減。儘管如此，時而忍耐時而爭吵，等你爬上山頭，那種快樂是別人永遠不懂的。

爸媽的婚姻生活也歷經了好幾次危機，幸好都走過來了。等我年紀再大些，出門就會變得不便、交友圈變窄、影響力降低。希望眞的到了那時候，我身邊還有一個非常了解我的朋友，而我希望那個人，就是你爸爸。

Chapter

5

與人生戀愛吧！爲它好奇、爲它心動，讓有限化爲無窮

每個瞬間，生命都在敲你的門。
別告訴生命：「等等吧！我會為你開門，再給我一點時間。」
最終生命無法改變，你只會繼續在生命中徘徊。
不死也不活地過著顛沛流離、行屍走肉的生活。

餘暉晚霞的時刻，在你身邊的朋友是誰？

我最近正在戀愛，而且同時跟五個人戀愛。每天起床第一件事，就是查看手機，想知道睡覺時，她們都說些什麼話。即使經常見面，我還是非常關心她們的消息，擔心她們就像擔心自己一樣。我們彼此分享對別人難以啓齒的心裡話，並且相互安慰。

只要想到她們，我的嘴角就會微微上揚，好像戀愛一般。而「她們」就是睽違三十年才重逢的——我的高中同學。

大部分的高中生都會和背景相似的朋友聚在一起。但是，我們五個人成績、家境、個性，樣樣不同，硬要說共通點的話，大概就是身高都不高，而且喜歡賴在床上吧。

高中新學期一開始，學生們總會按照身高排隊、分座號。在沒有朋友的陌生班級中，前後座成爲我們相識的契機。每天下課我們總會輪流到每個人的家中聚會，躺在床上用棉被蓋著腳，一直聊天，直到把家裡的零食都吃完才罷休。一有空就躺下的我們，還戲稱自己是「職業躺者」。

「聚則生，散則死」是我們的信條。我們就像被膠水黏住般，形影不離。一起討論喜歡的老師，討論到忘記時間的流逝；一起爲收音機傳出來的歌聲小鹿亂撞；一起抱怨爸爸媽媽和這個世界。我們就像是壓力鍋上宣洩蒸氣以防爆炸的排氣孔，一起發牢騷、一起生氣，宣洩出壓抑在心中的恐慌與壓力。聊天，撫慰了我們青春期的衝動與旺盛的精力。

雖然當年我沒能告訴他們姊姊離開的消息，不過，在極度的緊張和壓力中，我能夠順利念完高中，多虧了和這群朋友相處的時光。

進到大學後我們各奔東西，聯絡自然少了。現在孩子長大了，我們有了閒暇空檔再次相聚。不過，其中有個朋友一直沒有音訊。當我們正在擔心她是不是遇到什麼困難時，偶然間，我在醫院的停車場遇見了她。我們的小圈圈終於重回到和高中一模一樣。

我們就好像少了一個齒輪的時鐘重新復原，再次輕快地轉動，找回當初的活力與精神。

最有趣的是，這麼多年沒聯絡，我們的個性和外貌仍非常神似。我喜歡隨手拍雨滴的照片，之前還為此開了一個小型展示會。那一天，我邀了幾位熟絡的友人，開了個小派對。我們六劍客聚在一起聊了許久，某個好友突然走過來說：「老師，我都不知道妳有這麼多親姊妹。」

一瞬間，我們哄堂大笑。矮矮小小的身軀、圓圓的臉，加上類似的口吻，我們看起來就像親姊妹一般。有時，聽著對方的故事，自己也會吃驚，明明走在不同的人生道路上，卻有著極為相似的處事方式與人生態度。

精神分析指出，青少年時期的好友就是照出自我的鏡子。我們都是透過朋友摸索自己、組織自己。在青少年時期的好友，無形中會影響彼此的人生價值觀與態度。因此，我們之間有著心照不宣的默契，完全無法討厭彼此。

作家安東尼．聖修伯里（Antoine de Saint-Exupéry）曾對他的友人說：「友情，不是交出來的。而是建立在許多共同回憶之上，不論快樂、痛苦，誤會、

我們都曾在灰暗的未來中，閃耀著青春。

和解等心境變化。」

如果沒有這一群朋友，也許我無法像現在一樣，忍著病痛繼續堅持下去。她們總是無時無刻掛念我時好時壞的病況，唯有在她們面前，我才能夠坦承自己。

「我以為吃藥會變好，沒想到反而讓生理平衡失調，變得更痛苦。我到底還要承受這種痛苦到什麼時候？難道我只能學著習慣？」或是「藥效能維持的時間愈來愈短，每次藥效一退我就好想從窗臺跳下去結束自己。不過，為了妳們這些孩子，我怎麼跳得下去？咬緊牙關忍下去的話，總有一天會痊癒吧？好想趕快變回正常人啊！」這類的話語。

甚至，我會將和老公、孩子的衝突，一五一十地向她們傾訴。她們總會放下手邊的工作，靜靜地聽我說完。多虧她們，我才能再次找回堅持的勇氣，被病魔折騰的過程中，也因為有她們在一旁陪伴，我才不至於對家人鬧脾氣，還能夠露出開朗的笑容。

倫敦大學的某項研究中指出，決定人類幸福與否的關鍵，就是圓滑的人際關係、友情。隨著年紀增加，認識的人也許會變多。不過，在社會上，卻難以找到能吐露真心的好友。複雜的利害關係，想得到「有用的建議」都變成是一種奢侈。

如果冷漠的世上還有能了解我、又能全盤接受我的摯友，那眞是上帝贈與的禮物啊！

直到現在我們偶爾還是會聚在一起，窩在被窩、吃著零食聊天。唯一改變的是，她們爲了生病的我能夠方便移動，只在我家聚會。三十年了，我們一起回憶過去、抱怨現在、計畫未來，重新探討人生的意義。

每當話匣子一開，我虛弱的身體頓時又會活躍起來。我們一起成長，然後各自走過激烈的人生，在進入餘暉晚霞的重要時刻，又重新聚在一起。我們讚嘆彼此的人生，決定讓後半輩子也要過得精采有趣。我們會握住彼此的雙手，一起走過接下來的人生。

我人生最後的希望，就是能有更多的時間跟這群好姊妹一起度過。

青春收進了心裡，和時間一起成長、一起變老

老實說，以前十幾歲時，我看著年長者總會想：「他們活著有什麼意義？」疲憊的神情加上深層的皺紋，好像在訴說著他們辛苦的歲月及心中的惆悵。我甚至想過，與其像他們一樣，還不如趕在變老前死了算了。

然而不知不覺間，我也走到這把年紀了。還好，當時年紀小擔心的事沒有發生。我覺得現在的人生，既好玩又有趣。如果我遇見十幾歲的自己，我想我會自信滿滿地告訴她：「變老，不是一件可悲可怕的事情。變老也有好處。雖然它扼殺了青春歲月，但是也帶來其他禮物。」

現在的社會，崇尚吹彈可破的肌膚，美到冒泡的臉蛋，S型的曲線加上巧克

力腹肌，以及倒三角形的身材。人類學家瑪格麗特．米德（Margaret Mead）說：「老人，就像是移民到年輕國度的外星人。」

變老似乎是一件淒涼的事。儘管如此，如果問我想不想重拾青春，我的答案是：「NO！」我不想再體驗一次敏感、徬徨、活力所帶來的苦痛。我喜歡現在、喜歡歲月，也喜歡如今堅強的我。對世界深度了解，也對事物深層包容，讓我從容自在。

我知道何謂幸福，也知道人生的意義，這都是歲月送我的奇異恩典。

十幾歲時，找尋人生方向；二十歲時，隨心所欲地讀書與忙忙碌碌的生活；三十歲時，照顧家庭和兩個孩子，歷經競爭激烈的人生；四十歲時，實踐夢想卻得到帕金森氏症，走到現在已經五十後段班……。回憶起來，我的人生眞是豐富，唯有經歷過這些，才有現在的我。

我是時間的雕刻品、還在發展成長，以後還有無限的可能，我還必須靠「時間」一同創造。

我看過某位年過六十五的病患，她長期失眠、憂鬱，找不到人生樂趣。她總是眉頭深鎖，愁容滿面，什麼事都擔心，對任何事都煩躁。她的孩子都已經結婚成家，領取羨煞旁人的薪水，家庭也沒有什麼問題。儘管如此，她仍不滿意自己的人生。

每次看診時，她總會炫耀自己有億萬家產，閒暇時不是出國，就是騎馬或打高爾夫。但她又經常有「錢太多很難管」、「新房客老是不受控制」諸如此類的不滿。某一天，她突然變了個人。肉毒桿菌撫平了她的皺紋；手術讓有些下垂的雙眼變得透亮。她的臉蛋像是回到了四十歲，可是這些都沒有用，因爲失眠和了無生趣的人生，依然深深地困擾她。

每次看著她，我都有些同情。她的人生這麼幸福，有這麼多機會實踐人生目標，她卻放棄幸福的機會，執著於已經逝去的東西。手術不但無法滿足她，反倒讓她有更多不滿。

上了年紀長皺紋是天經地義，皺紋不只是變老的證據，也是成熟、智慧的象徵。這就是爲什麼我們看見長者充滿皺紋的臉，會感到安定與尊敬。

年紀變大會失去很多，失去健康、失去工作、失去經濟能力等。其中，最可怕又最難以接受的就是失去自尊。被社會邊緣化，失去自我定位，許多長者們會因此受創。但是，無法接受現實，野心勃勃地想找回過去的自己，這使得他們常常因爲小事被忽略而生氣，甚至有失儀態地教訓起年輕人。他們認爲世界不懂得敬老尊嚴，竟然還遭到恥笑，漸漸讓自己變得更難以和年輕人共處。

年紀大了，失去的慌恐和所剩無幾的時間，讓欲望也變大了。不過，變老並不是失去青春，只是將青春收在心裡了。從年長者身上，可以看見他們走過的路，和我們將來要走的路。

春、夏、秋、冬，四季秀麗的景致，化爲美麗的記憶。從他們的身上散發出來的歲月，和世界融合成一幅美麗的畫作。這是年紀大的特權。有些人認爲，年老意味著記憶力衰退和失智症的來臨；事實卻不是如此。最近的研究指出，長期運動和足夠的營養，即使到八十歲智能還是能夠發展。也就是說，人生的後半部仍是可以充滿變化，我們能夠持續成長，變得成熟。

因年紀增長而心有不甘，只會讓老年成爲人生中無聊又多餘的時間。只要你能接受現實，繼續開拓自己的人生，就能成爲成熟穩重的長者。

每段年紀都有它的使命和定位，老年也是。過去與現在的經驗，會傳遞至未來。但是，先決條件是你必須相信自己死後，下一代也會繼續將你的生命延續下去。再來，就是超越自我，我所謂的「超越自我」不是宗教所說的修煉，而是對於「我」以外的事物保持關心，放眼環視世界。替別人開心、關心與自己無關的事，就算你已經無法站在那個位置之上，還是要爲了明日世界，繼續投資自我。

枯老的大樹會用茂盛的葉子庇蔭人們，提供一個休憩的場所。有智慧的老人不只有故事，還能帶給年輕人未來的希望。觀察自己的周遭，你就能發現有許多不是知名人士、人生也沒有亮眼成績，卻能夠帶給旁人溫暖的長者。

之前醫院裡有個八旬老奶奶，爲了生病的兒子一個月總會到醫院好幾次。陡峭的地鐵站階梯，爬上爬下的奶奶是這麼辛苦，但她總是笑著說：「能活著眞好，我還能這麼健康地照顧我的兒子，好幸福啊！」事實上，我比奶奶年輕許多，當我聽到她的話時，眞是慚愧到不行。

有個關於成長的故事。某一天，友人對看起來比實際年輕的美國詩人亨利．沃茲沃思．朗費羅（Henry Wadsworth Longfellow）說：「嘿，朋友，好久不見！你還是一樣年輕，祕訣是什麼？」

朗費羅回應：「你看到那棵樹了嗎？一棵開花結果的老樹。他之所以如此，是因爲它每天繼續都在成長。」

故事中，不僅能看見成熟老人的智慧，也證明年老還是能繼續成長。

我的人生已經走過大半輩子，我期望往後的自己能夠發覺並欣賞世界微妙，並爲此繼續讚嘆。

我想成爲一個面對生命的不公平與不合理也能一笑置之、兼容並蓄、游刃有餘，開心爽朗的老奶奶；也想成爲一個能夠聽兒孫發牢騷的奶奶。因此，我期待著未來成長蛻變的自己。

我的十條「遺願清單」。放在你心裡的是什麼呢？

所謂「遺願清單」（Bucket list），就是列出死前一定要完成的事，而辭彙來源要追朔到中世紀時期。

中世紀執行絞刑時，會讓犯人踩上倒放的水桶（Bucket）上，再將絞索掛上犯人的脖子，並踢開水桶行刑。因此，「Kick the bucket.」（踢開水桶）就意味著死亡。但遺願清單會像現在這麼盛行，則是源於電影《一路玩到掛》（*Bucket list*）。

某一天，電影主角卡特忽然被告知時日不多，聽見惡耗他簡直晴天霹靂。大學時期，他曾夢想成爲一個教授，卻爲了負擔家庭生計放棄了夢想，成爲一個汽車修理工。另一個主角艾德華則與窮光蛋卡特不同，他是擁有十五家醫院的億萬富翁，可是，卻被醫院宣告是肺癌末期。

在病房初次見面的他們，彼此討厭，但剩下幾個月的生命，讓他們漸漸對彼此敞開心房。

卡特回憶起大一學哲教授出的作業——「遺願清單」。於是，他拿起筆寫下死前想做的事。然而，在時間所剩不多的卡特面前，這只是紙上談兵。被卡特丟掉的遺願清單卻剛好被艾德華發現，他認爲人生不該這麼死去，所以邀請卡特跟他一起完成願望。

高空跳傘、在塞倫蓋蒂（Serengeti）打獵、開福特野馬賽車、參觀泰姬瑪哈陵、笑到哭、做一件對他人有幫助的事、見證宏觀莊嚴的場面……。離開醫院三個月內，爲了實現遺忘清單，他們跑遍世界，找回失去的生命熱誠，與不聯絡的家人重新相聚，找到遺失的自我，領悟人生的意義。

每次看這部電影，我就會開始思考，「如果我的人生所剩無幾，我想做什麼呢？」

後來我聽到了這段臺詞：「你知道嗎？古埃及人相信人死後會上天堂。不過，神會先問你兩個問題，答案將決定你能不能上天堂。第一個問題是，你的人生有找到快樂嗎？第二個問題是，你的人生有帶給他人快樂嗎？回答看看吧！」我的人生找到快樂了嗎？帶給別人快樂了嗎？

一時之間，我無法果斷地回答。我經常思考這段臺詞，也試著寫下遺願清單，以下是我近期寫下的版本。

①**畫畫：**國小的我想成爲畫家，想把我眼中的世界，用畫筆記錄下來。最近跟熟人間互留訊息時，我偶爾會用圖畫加上簡短的文字代替訊息。不過我還是想要完成一幅眞正的畫作。

②**環繞韓國周圍的海洋一圈：**我想循著東海、南海、西海繞一圈。有人一起很好，獨自一人也沒關係。不過，遷就於身體狀況，可能要分幾次才能完成吧。

③**學習外語：**死之前我想學會兩種外語。最近想學中文、俄羅斯語或西班牙語。我一直相信，學習外語是理解那個國家的人民，並擴展自我世界觀的

最快管道。

④**做好吃的料理:**我是一個吃東西時嘴角會不自覺上揚的人。所以我想做出舉世無雙的料理給我所愛的人們享用。

⑤**盡情謾罵那些傷害過我的人:**我的人生總是不斷假裝高尚、假裝沒事。現在我想跟罵人精婆婆一樣,「電爆」那些傷害過我的人。

⑥**看完世上所有的書:**現在的我很難長時間集中精神,眼睛也漸漸變得模糊,看書變成一件很辛苦的事。因此我很著急,希望在時間流逝前能夠多看幾本書。

⑦**寫一本書:**雖然我已經寫了五本書,但還是覺得不夠。我想寫出一本眞正能幫助他人,帶給他人溫暖的書。

⑧**和老公去無人島住一個禮拜:**就是想,沒什麼理由。

⑨**和家人度過幸福的耶誕節:**希望能跟女婿和媳婦一起。

⑩**安靜地離開:**希望我能安靜地死去,安靜地結束這一生。

想做的事即使還沒開始著手,不過,光是寫下來就覺得無比幸福。

遺願清單上的十個願望，都是我一直以來想做卻沒做的事。不能再拖，不能再等了。

你呢？你的遺願清單是什麼？因爲各種原因導致你一直無法實現的事，又會是什麼呢？

這世界太有趣，不要遺忘好奇心與學習

「媽，妳怎麼會嫁給爸啊？離婚吧！」

青春期還不懂事的我，總是爲百依百順的媽媽打抱不平，覺得固執己見的爸爸實在不可理喻。

我的父親是一個不知變通，十分有原則的人。嚴重的程度，大概就是問他一題數學，他會從正確坐姿開始教你，再來要把削好的鉛筆、橡皮擦和筆記本擺好。他堅持坐姿要正，才能開始讀書，光事前準備就要花上三十分鐘，最後才輪得到數學問題。所以，我才會如此煩躁。

原則至上的爸爸，其實很喜歡看書，家裡總擺滿了書籍，算一算可能超過

我在書中找到自己、看見別人，觸摸世界。

一百本。小時候，家裡附近沒什麼娛樂，爸爸買回家的書就像是沙漠中的甘霖。寒暑假時，我每天都讀一本書，讀完只要跟爸爸說：「看完了。」爸爸就會開心地再多買幾本回家。就這樣，我讀了不少書，喜歡的書甚至反覆讀了十幾二十遍，例如《簡愛》和《傲慢與偏見》，而愛因斯坦的《相對論》，也在懵懵懂懂中看完了。

雖然當時年紀小，但是透過書本，我隱約看見人的本性與心靈。書中每個角色的欲望與錯誤、痛苦與救贖，極其相似，強烈到令人害怕。但是，對結局的好奇心，仍驅使我繼續閱讀。每看完一本書，對主角也會產生一定的理解。

閱讀好像能釋放我內心壓抑的欲望，以及在他人面前不敢表達的幻想。我對世界和對他人的理解，也因此變得深刻。雖然我喜歡閱讀，卻不喜歡教科書。考試與成績的壓力讓我無法享受閱讀的快樂。

我曾經希望快點上大學，那是因爲我以爲上了大學，就不用再看這些煩人的教科書。沒想到，上了大學要讀的書比想像中還更多。每天一邊嚷著：「當醫生連這些東西都要知道嗎？」一邊背著數不清的骨頭名詞、肌腱名稱。

當醫學院學生比考生還忙，那時我心想：「等我當上主治醫生，就不用再讀書了吧？到時候只要把學過的東西拿來討生活就好了呀。」

不過，非常奇妙的是，我人生最享受閱讀的時期，卻是成爲主治醫生後。不用考試、不用讀書、沒有明確的目的，當壓迫感消失，閱讀反而變得有趣。人類心理學是我一直以來就十分好奇的領域。每當拾起書本，我都會流連忘返，忘了時間的流逝。

三十歲後，每天在工作、孩子、家庭中周旋。即使忙得不可開交，晚上十一點過後，我還是會繼續看書看到凌晨。只要放空十分鐘就足以讓我坐立難安、胡思亂想，甚至跟著孩子一起睡著。但在閱讀人類心理學的書籍時，卻讓我愈看愈有趣，愈看愈著迷。

在書裡，我找到人們煩悶生氣的原因，認識到難以摸索的人心，開始學會理解他人的心情，以更廣闊的視野和他人相處、幫病患診療，犯錯的次數漸漸減少。這時我才理解到，爲何人們常說：「知識就是力量。」

人有與生俱來的好奇心。以小孩來說，就算沒人指引，他們也會因爲好奇而東摸西摸，這個吃一口、那個晃一下。對孩子來說，他們不需要任何獎賞，也能把每件事情當成一種遊戲，努力完成。純粹的好奇心卻因爲父母和學校的介入，讓孩子沒有獎勵、沒有鞭策就提不起勁。

強迫讀書、強迫工作，人生因此變得乏善無趣，甚至連好奇的本能都忘得一乾二淨。

所幸，我還來得及重新拾回閱讀的樂趣。閱讀開闊了我的世界觀，書種也隨之增加。閱讀、職場、婚姻生活、育兒方法、人際關係、穿衣風格、化妝技巧，每一樣都是人生課題。透過人與人和人與世界的相互碰撞，我知道自己是什麼樣的人，學會理解他人，也學會如何更愛自己。

人生已經走過五十幾個年頭，我才體會何謂「活到老、學到老」。

希望看著這本書的你，也能爲書瘋狂，享受不被逼迫的自主性閱讀。不管是舞蹈、音樂、運動，什麼都好，拓展自己有興趣的知識，找回人生的樂趣吧！偶爾聽一聽人文講座，用心經營業餘愛好的老年人們，說不定還比年輕人看起來更加朝氣蓬勃呢！

羅馬政治家老加圖（Marcus Porcius Cato）八十歲才開始學希臘語；希臘歷史學家普魯塔克（Lucius Mestrius Plutarchus）也到八十歲才開始學拉丁語；希臘哲學家蘇格拉底（Socrates）年過六十才開始學習演奏樂器；活到九十

歲的米開朗基羅（Michelangelo）的座右銘是：「我還在學習。」

他們都是活到老，學到老的最佳典範。老年氣力衰退、活動力下降，爲人生帶來成就、樂趣的最佳方法就是閱讀。閱讀必須從年輕開始培養，老了才能繼續享受它所帶來的樂趣。

從現在開始**重啓你的好奇心**，讓閱讀帶著你探索世界吧！

我的內心充滿無盡的探索與好奇，因爲世界萬物都是想要觀察的東西。因此，就算老了，我也不擔心沒書可看，眞是太幸福了。

想走得遠、想成為森林，那就一起走吧

「他怎麼可以這樣？我付出了這麼多，他就這樣背叛我？」

一個年過花甲的成功企業家，滿腹委屈地在診間裡抱怨。二十年前，他遇見一個家境欠佳的大學生，被他的積極努力所吸引。除了協助學費，還金援他大大小小的支出。沒有兒子的他，在心中默默選定要這位學生成爲他的接班人。

畢業之後，儘管這位學生並不願意，他仍堅持送他出國。連他結婚的時候，還站出來擔任他的貸款擔保人，並讓他進到自己的公司處理核心業務。但是，不久前這個孩子說想創業，最後才發現他不但竊取了公司機密，還搶走公司客戶。以前滿嘴感謝的人，竟然一瞬間反咬，簡直讓老人家氣得跳腳。

聽完後，我站在這位學生的立場，仔細思考了一會。這一切的幫助，他都只是受益者嗎？一開始，他當然非常感激這位先生，覺得日後一定要報答他。但是，源源不絕的善意與幫助，好像又會讓人懷疑當中的用意。

再加上面對恩人的要求，他無法拒絕，一旦拒絕就會成爲忘恩負義之人，所以再不願意的事都得願意。幫助他的人剛開始或許只是出於善意，但是長期下來，有可能讓他隱約期望對方感謝自己、報答自己。演變到這裡，這段關係就變成一種「債權關係」。給予的一方，覺得自己奉獻了很多，期待對方感謝自己；而接受的一方，好像欠了還不完的人情債，痛苦不已，然後虎視眈眈地等待時機，想逃離這段關係。

「你想用錢買人心嗎？」他被我的話嚇了一跳。

「你不是把他當成自己兒子嗎？那就當作養到一個孽子吧。」他停下來想了一下，嘆了一口大氣說：「我承認想把他留在身邊。可是，我從來不問他的想法，覺得一切都是理所當然。看來是我給他太大的壓力了吧？」

有一句話叫「易地思之」，也就是換位思考的意思。換句話說，就是同理心。我們經常忽略同理心的重要及其中的奧妙，理所當然地認爲「我想要的對方也一定會喜歡」。

現代人漸漸對他人的想法變得無感。還記得小的時候，人與人之間存在著互相體諒與幫忙。隔壁家的孩子肚子餓了，就帶他來家裡吃飯；看到乞丐，也會盡可能地幫助他；十年前的地鐵上，遇見大包小包行李的旅客，也會過去幫忙。然而現在的日常中、地鐵上，每個人都只沉溺在智慧型手機的世界裡，對彼此漠不關心。在路上遇見有人跌倒也事不關己；在公司裡只做好分內的事，不願分擔同事的工作；在餐廳沒受到應有的待遇就隨意發火，就算遇到態度極佳的店員，也認為對方有領薪水，把一切視為理所當然。

人們好像失去了情感，變成一種機器。而大部分的人只會說：「我沒害到別人就好，為什麼一定要去關心別人、體諒他人？」

就算是說出這種話的人，也免不了期望他人可以理解與關懷自己。人與人是無法分開的動物。世界上沒有任何動物和人一樣，出生於未成熟的狀態。大部分的動物一出生就能走、能爬，自己找媽媽喝奶。但是，剛出生的小嬰兒，不但不會自己找奶喝，更沒有行動能力，必須依賴在媽媽懷中整整一年。

人要生存就必須仰賴他人幫忙。人不可能獨自存活，所有的事物都得在人與人的關係鏈中進行。不管你承不承認，人就是極度依存的動物，本能會驅使我們與他人建立關係。

如果想在人類社會中生存，同理心是必備的能力。只有人類，會投以溫暖的眼神，把孩子抱在懷中餵奶。孩子透過和母親相視，感受幸福與新奇感，跟著媽媽一起綻放笑顏。這當中傳遞的愛，會建立起孩子的情感關係與同理能力。萬一過程中孩子無法正常發展，將有可能導致他產生情感障礙、自閉症或人格障礙。

人類必須透過他人了解自己。他人的評價會防止我們過度自我，學會省思與反省，變得更有智慧。透過同理心，我們才能彼此相愛、彼此傾聽、理解對方，學會想像，懂得合作、分享與創造。

美國經濟學家傑瑞米．里夫金（Jeremy Rifkin）在《同理心文明》（*The Empathic Civilization*）中說道：「同理心是一種尊重他人存在價值，讚頌他人生命的行為，也是人生歷程中，發生頻率最密集的人生經驗。……當一個人不懂得同理他人，他的人生就無法獲得滿足。人們必須透過與他人緊密相連，才能謳歌人生，孤獨的人生是不完整的。」所以說，失去同理心，就等同於失去人性。

想走得快，就一個人走。
想走得遠，那就一起走。
想走得快，就走直線。
想走得遠，就拐著走。
想成為孤樹，就自己走。
想成為森林，就一起走。

這是一首非洲格言。許多現代人幻想著：「自己一個人也能活得很好。」以爲金錢就是萬能。但是，漫漫人生道路上，最後的贏家，往往是那些能與他人和平共處，懂得己所不欲、勿施於人，並且能夠禮讓的人。

如果你斤斤計較，覺得幫助別人只是自討苦吃，毫無意義。那麼就想想這句話吧，「人永遠離不開他人。」

愛，讓我們有限的人生充滿價值

曾經有一個十七歲女學生來看診。她平常不去上學、不出門，沒有朋友，連飯也不太吃。在媽媽的半推半就下被帶來醫院的她，坐在椅子上眼神空洞。

幾個月後，對任何提問都默默不語的她，終於開了口。「醫生，人爲什麼要活著？用功讀書找到好工作又是爲什麼？結了婚生了孩子又怎樣？反正做什麼都沒意義，死了不是比較乾脆嗎？」

沒錯，人終會死。在浩大的宇宙中，人存活的時間如此短促，死後也留不下任何痕跡，根本不足爲道。儘管如此，人還是會繼續活下去，因爲我們相信有限的人生中，必定有它不朽的價值與珍貴的意義。

我們努力追尋、努力守護、努力寫下故事。人能夠不被虛無主義所屈服，而且順利地活著，就是一種奇蹟。我相信這樣奇蹟來自於愛。

我們透過他人的愛，感受自己存在的價值。透過愛別人更勝自己的經驗，找到超越「自我」的價值。在愛之中，感受到何謂一致，體驗到時間靜止的感覺，體悟到短暫的人生中存在著永遠。就是**愛，讓我們有限的人生充滿價值**。

不過，她並不相信我所說的話。她不懂，反正人都要死，愛只會讓死亡變得痛苦，還不如在學會愛以前就先結束生命。面對還在尋找人生價值的她，我不作任何回答，反而介紹了一本書給她，書名是——《生命中的美好缺憾》（*The Fault In Our Stars*）。

這本書是兩位瀕臨死亡，時日不多的十七歲少年與少女的愛情羅曼史。十七歲的海瑟是甲狀腺癌末期病患，她的癌細胞已經轉移到肺部，離死亡已經不遠。所幸，一帖神藥阻止了癌細胞擴散，讓她得到了「額外的」人生。

海瑟把自己隨時可能結束的人生，稱做「手榴彈」。如果想要降低死傷人數，就得仔細思考埋藏的位置。她的目標是安靜地離開，不留下太多的記憶，以免傷害到她愛的人。

然而，命運般的愛情卻找上了她。在癌友互助會上，她認識了身材修長、一表人才，但是因爲癌細胞而失去一條腿的奧古斯都。他們因爲一見鍾情，所以彼此推薦書籍，一起閱讀、一起聽喜歡的音樂、一起玩。爲了見海瑟尊敬的作者一面，兩人還一起旅行，就像普通的十幾歲情侶般。

令人悲傷的是，奧古斯都終究逃不了死神的魔掌，離開了人世。在這之後海瑟收到了一封信，是奧古斯都死前寄給那位作者的一封信，內容是奧古斯都拜託作家幫忙修改日後海瑟葬禮上的弔唁。

奧古斯都的信上寫到，他收到自己癌細胞擴散消息的那天，他曾潛入加護病房，看著命在旦夕的海瑟。那一天，他們倆都赤裸裸地站在死亡面前。

「黑色的癌症液體，從她的胸口不斷流出。她閉著雙眼、插著管，但她的手仍舊是她的、依然溫暖，但指甲轉變成幾乎像是黑色的藍色。我只是握著她的手，想像沒有我們的世界會是什麼樣子。有一段時間，我變成很善良的人，希望她先死，就不用知道我馬上也要死了。不過，我又希望我們能夠擁有更多時間，好讓我們談戀愛。我想，我已經如願了，也因此留下我的傷痕。……我喜歡她，非常喜歡。你不能選擇在這世上是否會受到傷害，不過你可以選擇讓誰傷害你。我喜歡我的選擇，希望海瑟也喜歡她的選擇。」

如果奧古斯都沒有出現，海瑟也許會像她所希望的，安靜地離開。不過，無聲無息地離開，會讓人生更有意義嗎？我想不是吧！奧古斯都的愛，讓海瑟知道：「隨時都會爆發的手榴彈」也有愛人與被愛的權利，這不是詛咒，而是身爲人的特權。

愛，會改變一個人。愛，讓海瑟重新愛上自己被病魔纏身多年的身軀。在與病魔這場必敗的戰爭中，她找到奮鬥的價值。她開始相信，**就算在浩大的宇宙中，留不下任何痕跡，人生仍還有活下去的意義**。

人總會死，在世的時候，我們總是企圖多留下點痕跡，像是蓋棟宏偉的建築，爲了高高在上的名譽奮戰。但是我認爲，人生最輝煌燦爛的痕跡——是愛。就算被病魔纏住，愛仍會讓生命變得有價值，人會變得更美好，也能夠不畏懼死亡。

所以列夫．托爾斯泰（Leo Tolstoy）才會在他的書中提到：

一個中國賢者問：「何謂學問？」

我回答：「人之所悟。」

他又問：「何謂善？」

「愛人。」

想像在死亡之前，你的身旁會不會有人緊緊握住你顫抖的雙手，在你耳邊細說：「我愛你。」而你有沒有可以對他說「我愛你」的人呢？

如果有，就證明你充分地享受過愛所帶來的傷痛，而這個瞬間，你曾經醜陋的人生，就得以圓滿了。

別再告訴生命：「等等吧！再給我一點時間……」

在濟州島療養時，有一次我和柳粉順教授一同前往李仲燮藝術街走走。遠方傳來的音樂聲，是一對父子正演奏著吉他和小提琴。一群人聚在一起圍觀，不過，每個人卻都面無表情地聽著音樂。

我跟柳教授在表演結束後，大喊：「Bravo！」並熱烈地拍著手。圍觀的群眾們，就跟著我們兩位大嬸拍起手來。漸漸地圍觀的人群愈來愈多，這對父子也愈彈愈起勁。接著，兒子提起他剛分手的事情，並說要來一首他失戀時最常演奏的歌曲。

表演一結束，我們又不吝嗇地歡呼，「分得好！你會找到更好的！」現場一片歡樂，男孩的笑顏也跟著綻放開來。圍觀的人們開始跟著旋律哼著歌，那天的表演就這樣忘情地持續到日落。

在街上看到街頭藝人時，也許你會覺得「只是場表演」，又或是你會停下來聽個幾首，暗自在心中誇讚「唱得眞好」。但是，只要短短的幾句回應、讚嘆，都能讓當下的快樂瞬間加倍。世界上，還有什麼比這種熱情回應的投資回報率更划算的呢？

我每天都努力讓生活變得有趣。

我們的生活多半繞著圓圈打轉，沒什麼特別、有趣的事。更何況是我時好時壞的身體狀況，被病魔糾纏下，每天得照三餐吃藥、運動、控制飲食，不斷地付出努力跟病痛交戰。有時候眞的很累，特別是付出這麼多，病不會好就算了，情況還變得更糟時，想不憂鬱都難。

不過，這種時刻，與其痛苦地躺著，不如尋找一些生活樂趣，起身去做一些想做的事，想辦法讓生活變得更有趣。身體狀況好的時候，我會親手做自己想吃的料理；身體狀況不好的時候，就躺在床上觀察親手種下的花草是不是多長出了幾片葉子。

我的趣味清單中，還有一項是拍照。我從以前就喜歡拍照，每次去旅行，都是擔任攝影師的角色。偶然下，我把拍下的水滴照片，放大好幾倍洗出來，才發現每顆水滴裡都有一個縮影。「原來每顆水滴裡，都有我從未發現過的世界。」自此，我喜歡上幫水滴拍照，所有的水滴都能吸引我的目光，柏油路上的雨滴、花瓣上的露珠，總有拍不完的照片，好不快樂呀！

拍照的過程中，我體悟到：「你眼中的世界是怎麼樣，世界就是怎麼樣。」對一個立志活得開心有趣的人來說，**這世界眞的太好玩了**。

隨著年紀增長，很多人覺得生活愈來愈無趣，彷彿經歷過所有事，好奇心也跟著煙消雲散。沒有特別想吃的東西、也沒有特別想做的事，世界上好像已經沒有值得開心的事情。然而，愈是這麼想，就愈不可能發生快樂有趣的事，生活就只能維持平淡。

對任何事都不感興趣的人，大部分是沒有自信的人。他們對任何事都躊躇不前，被事情一定要做得盡善盡美的強迫症絆住，害怕失敗導致他們不敢輕易對事情產生好奇。

然而，這樣的擔心，反而扼殺了人生應該享受的樂趣。我們的擔心中，有四〇%是不會發生的事；有三〇%是已經發生的事；有二二%是不重要的事；有四%是我們控制不了的事，剩下只有四%才是我們眞正應該擔心的事。把時間與精力浪費在那九六%的擔心，才導致我們無法享受生活。

印度思想家奧修（Chandra Mohan Jain）曾在著作《當鞋子合腳時》說道：「生命是體驗，不是理論。它不需要解釋。只要去生活、享受，樂在其中。……每個瞬間，生命都在敲你的門。不過，你再三考慮，告訴生命『等等吧！我會爲你開門的，再給我一點時間吧。』最後，生命不會有所改變。你一輩子只會繼續在生命中徘徊。不死也不活地過著顚沛流離、行屍走肉的生活。」

因此，別再只想不做了，離開乏味的生活吧！就像奧修所說，**生命是要去生活、享受、樂在其中**。

在人煙稀少的樹林裡，獨自生活兩年，寫下《湖濱散記》的思想家亨利·大衛·梭羅（Henry David Thoreau）曾說，一個人的一生中能夠探索、享受的領域，最多就只有半徑十英里（約十六公里）。

一個決心要活得快樂又有趣的人，可以不斷發現新奇、驚嘆的事物。就像戀愛一樣，剛開始熱戀的好奇心，可以驅使你問對方許多問題。你會看他看過的電影、聽對方喜歡的音樂，努力了解。無微不至的觀察，連他稍微修整的髮型都能立刻發現。每天都可以花上許多精力去挖掘任何關於彼此的新事物，爲此心情愉悅，變得更加細膩、更愛對方。

如果你能用相同的方法發現生命的樂趣，爲此努力、讚嘆，那麼世界會變成一座遊樂園，你的人生也會變得更快樂、更有趣。

看似波瀾曲折、沒有希望的人生，一定有值得享受的事。懂得享受人生之人，更能經得起生命的不幸與考驗。奧地利神經學家維克多·弗蘭克（Viktor Emil Frankl），在第二次世界大戰中，被俘虜至猶太人收容所，每天目睹數百名猶太人在無聲之中被燒盡。

不知何時會輪到自己的他，最後從收容所中倖存。以收容所的經歷做爲出發，開創出「意義治療法」（Logotherapy）的他，曾詳細描述過他在收容所的某一天：

> 某一天夜晚，所有人拖著精疲力盡的身軀，坐在棚子的地板上拿起湯碗，準備下嚥的一刻。

一個同事朝我們跑了過來，要我們一起去點名場看日落的美景。

我們起身出發，看著西方那閃爍的雲朵，深藍色的天空配上不斷交替著色彩與形狀的血紅色雲朵，多麼栩栩如生。

泥地上的水坑中，反射出天空光采耀人的光景，和我們寒酸的灰色臨時帳篷形成強烈對比。

此時，有人打破了感動中暫時的沉默，說道：「世界原來這麼美妙！」

在生命隨時可能被剝奪的收容所中，也能發現世界的美麗。不管什麼時候，一定有值得你讚嘆的事。如果你對世界已經沒有期待、毫無熱情，再試一下吧！試著與生命戀愛吧！

反覆的思索，也許會讓你看清人生。不過，什麼都不想，只要享受生命，用談戀愛的心情，爲它祈禱、爲它心動，你會發現世上有很多你從來沒注意過的新面貌。

爲世界讚嘆，讓曾經毫無意義的日子變得生動有趣。這個世界只需要一聲「Bravo！」就足以改變整個氛圍、足以改變所有人。

國家圖書館出版品預行編目

什麼時候，你才要過自己的人生？/金惠男著；蔡佩君譯.—— 初版.—— 臺北市：商周出版：
家庭傳媒城邦分公司發行，民105.12 240面；14.8×21公分 譯自：오늘 내가 사는 게 재미있는 이유
ISBN 978-986-477-143-1（平裝） 1. 人生哲學 2. 生活指導 191.9 105021013

PEOPLE 29

什麼時候，你才要過自己的人生？ 一位精神科醫師，從捆綁的呼吸中，找回自我

原書書名——오늘 내가 사는 게 재미있는 이유
作　　者——金惠男

譯　　者——蔡佩君　　文字校潤——張怡寧
企劃選書——何宜珍、呂美雲　　版　　權——黃淑敏、吳亭儀、翁靜如
責任編輯——呂美雲、劉枚瑛　　行銷業務——林彥伶、石一志

總 編 輯——何宜珍
總 經 理——彭之琬
發 行 人——何飛鵬
法律顧問——台英國際商務法律事務所　羅明通律師
出　　版——商周出版
臺北市中山區民生東路二段141號9樓
電話：(02) 2500-7008　傳眞：(02) 2500-7759
E-mail：bwp.service@cite.com.tw
發　　行——英屬蓋曼群島商家庭傳媒股份有限公司城邦分公司
臺北市中山區民生東路二段141號2樓
讀者服務專線：0800-020-299　24小時傳眞服務：(02)2517-0999
讀者服務信箱E-mail：cs@cite.com.tw
劃撥帳號——19833503　戶名：英屬蓋曼群島商家庭傳媒股份有限公司城邦分公司
訂購服務——書虫股份有限公司客服專線：(02)2500-7718；2500-7719
服務時間——週一至週五上午09:30-12:00；下午13:30-17:00
24小時傳眞專線：(02)2500-1990；2500-1991
劃撥帳號：19863813　戶名：書虫股份有限公司
E-mail：service@readingclub.com.tw
香港發行所——城邦(香港)出版集團有限公司
香港灣仔駱克道193號東超商業中心1樓
電話：(852) 2508 6231傳眞：(852) 2578 9337
馬新發行所——城邦(馬新)出版集團
Cité (M) Sdn. Bhd. (458372U) 11, Jalan 30D/146, Desa Tasik, Sungai Besi,
57000 Kuala Lumpur, Malaysia.
電話：603-90563833　傳眞：603-90562833
行政院新聞局北市業字第913號

美術設計——copy
印　　刷——卡樂彩色製版印刷有限公司
經 銷 商——聯合發行股份有限公司　新北市231新店區寶橋路235巷6弄6號2樓
電話：(02)2917-8022　傳眞：(02)2911-0053

2016年（民105）12月01日初版　Printed in Taiwan　定價320元　城邦讀書花園 www.cite.com.tw
2016年（民105）12月29日初版4刷
 ISBN 978-986-477-143-1
商周出版部落格——http://bwp25007008.pixnet.net/blog